自民崩壊

2.8

井川意高
Mototaka Ikawa

高須克弥
Katsuya Takasu

徳間書店

自民崩壊2.8

はじめに

井川意高

2023年末、東京地検特捜部がパーティー券を使った裏金問題について自民党に対して捜査を開始した。不正蓄財は派閥単位で行われ、焦点となったのが清和会（安倍派）と二階派である。

そして2024年1月、岸田文雄総理は自らが所属する岸田派の解散を宣言。清和会、二階派も解散した。

超低空の支持率だった岸田政権にとって、「カネ」をめぐるスキャンダルは致命傷である。支持率浮上の材料も乏しい中、2024年9月には自民党総裁選が行われる予定だ。それは衆院の解散総選挙が行われることを意味する。

現在の状況は、自民党が下野することになる麻生政権末期に酷似しているという印象だ。過半数割れ必至というのが私の予測である。

自民党はこれまで、存続の危機を2回経験してきた。1回目が1993年の衆院選で、自民党議員が分裂し過半数割れとなり「55年体制」が終焉した時だ。2回目が2009年の衆院選で惨敗し、下野した時である。

1回目は政策的にまったく噛み合わない社会党、さきがけとの連立という恥知らずな方法で生き残る。2回目は「安倍晋三」というリーダーの誕生によって奇跡の躍進を遂げた。

3回目の崩壊の危機にあるのが現在。安倍元総理が不幸な事件で亡くなったことか

ら考えれば、生存には「恥知らずな方法」しか残っていない。かつて村山富市氏を総理に担いだ前科が繰り返される可能性は高い。

そこで本書では高須克弥との対談を通じて、自民党を立体的に分析した。最初に取り組んだのが「政治家・安倍晋三」の価値だ。そのことを示すために考察しなければならないのが安倍氏が目標としていた祖父・岸信介氏である。帝国が生んだ最大の官僚にして、戦後は総理となって日米安全保障条約改訂という大仕事を成し遂げた。

対して安倍元総理は岸信介氏もなしえなかった偉業を達成する。自身が発案の外交戦略「自由で開かれたインド太平洋」に外交大国、アメリカが追従したからだ。

２０２１年11月に清和会の会長に就任し

た安倍氏は、パー券を使った裏金作りの禁止を指示したことが明らかになっている。急逝によって悪習は続いた。だが自民党の金権政治の出発点は清和会と対立した田中角栄氏で、対立派閥を蝕んだということになる。

そもそもなぜ政治にカネが必要なのか知らない人も多い。そこで高須氏と私が直接体験した「政治とカネと票」の生々しい現実を明らかにした。

この政治不信のカオスの中で産声を上げたのが作家・百田尚樹氏の「日本保守党」だ。高須氏も私も問題視しているのは共同代表に就任した河村たかし名古屋市長の存在である。自民に対する不信が生んだ政党が「第二の自民」に転落する危機だ。そこで「河村たかし」を分析し、「保守」という言葉の意味に迫った。

自民党が墜ちた根底には政治家の国家観の喪失がある。それゆえ歴史や伝統、文化を自ら放棄するという暴挙が行われているのだ。ところが憲法改正、中国の台頭による新たな国防の構築、女性天皇――この惨状の中で日本に突き付けられた政治課題はあまりにも多い。その一つ一つを精査し、自民党に待ち受ける近未来図を導き出した。

対談の依頼を快く引き受けてくれた高須克弥先生に感謝を述べたい。先生との会話を通じて、巨大な「知」に触れることができました。赤字を入れているいまも楽しく読めています。本当にありがとうございます。

2024年2月

CONTENTS

第1章 自民＝保守の嘘

第2章 金権政治と腐敗の闇歴史

第3章 経験した「政治とカネ」の現場

第4章

変化を余儀なくされる日本で…

第1章 自民＝保守の嘘

政治家「安倍晋三」の原点

井川　岸田政権の支持率は低空のまま上昇する気配さえない状況の中、2023年末にパーティー券を使った裏金問題が起こりました。2024年1月19日には岸田文雄総理が自身の出身派閥である岸田派解散を決断。清和会（安倍派）、二階派へと派閥解散はドミノ式に進みます。対して副総裁、麻生太郎氏の麻生派と茂木敏充氏の茂木派は派閥を堅持。岸田政権を支えた岸田派、麻生派、茂木派の三派連合が終焉したとされています。

私は派閥解散など無理なことだと考えています。そのことは後述しますが、政治不信は決定的になりました。

もっともこうなる以前から、私はそもそも自民党を否定しています。典型的な理由は経済政策で1990年代のバブル崩壊後もほとんどの時間帯で与党を務めながら、若い人がまったく豊かになっていないからです。にもかかわらず自民党は政権与党として「増税」を繰り返して今日に至っています。

ところが歴代自民党の総裁、総理の中で「安倍晋三」だけは異質な政治家という印象です。後で話題にしていきたいのですが、特に第二次安倍政権以降の安倍さんは、近年の日本の政治家の中でも特段の評価をしたい。

高須先生から見て安倍先生はどのような印象ですか？

高須　僕は、安倍晋三先生のことは、直接は存じ上げておりません。が、安倍さんの仕事ぶりを見ると、どうしても考えなければならないのは安倍晋三先生の祖父で、第56代内閣総理大臣の岸信介先生のことです。

高須家は昔から「岸信介」の熱狂的ファンなので岸さんのことは詳しい。安倍さんは岸さんのDNAを1代飛んで受け継ぎ、それを実現するために向かっていっていたと思っています。

高須家というのは、江戸時代から続く医師の家系であり、女の子しか生まれない家で、100年ぶりの男の子誕生が、克弥、つまり私でした。

それもあって、代々医者の養子をもらってきているのですが、母親の登代子は婦人科医となり、隣町にある松崎医院の五男で内科医の父親・省吾を婿養子に迎えたんです。

貧乏な開業医でしたが、みんな働き者だったのでバリバリと稼ぎました。すると祖父が、

「お前たちは金の作り方を知らないから、わしに任せておけ」

と言って、稼いだお金を預かって、運用してどんどん増やしたんです。そのうちに戦争になったのですが、父は祖父にこう尋ねます。

父　預けたお金はどうなっているんですか？

祖父　大丈夫、株に投資をしてものすごく膨らませてやるから。

父　ちなみに、どこに投資しているんですか？

祖父　満鉄だ！

——「満鉄」とは「南満洲鉄道株式会社」の略である。日露戦争後の1906年に

満洲国の日系鉄道路線図（1945年8月）

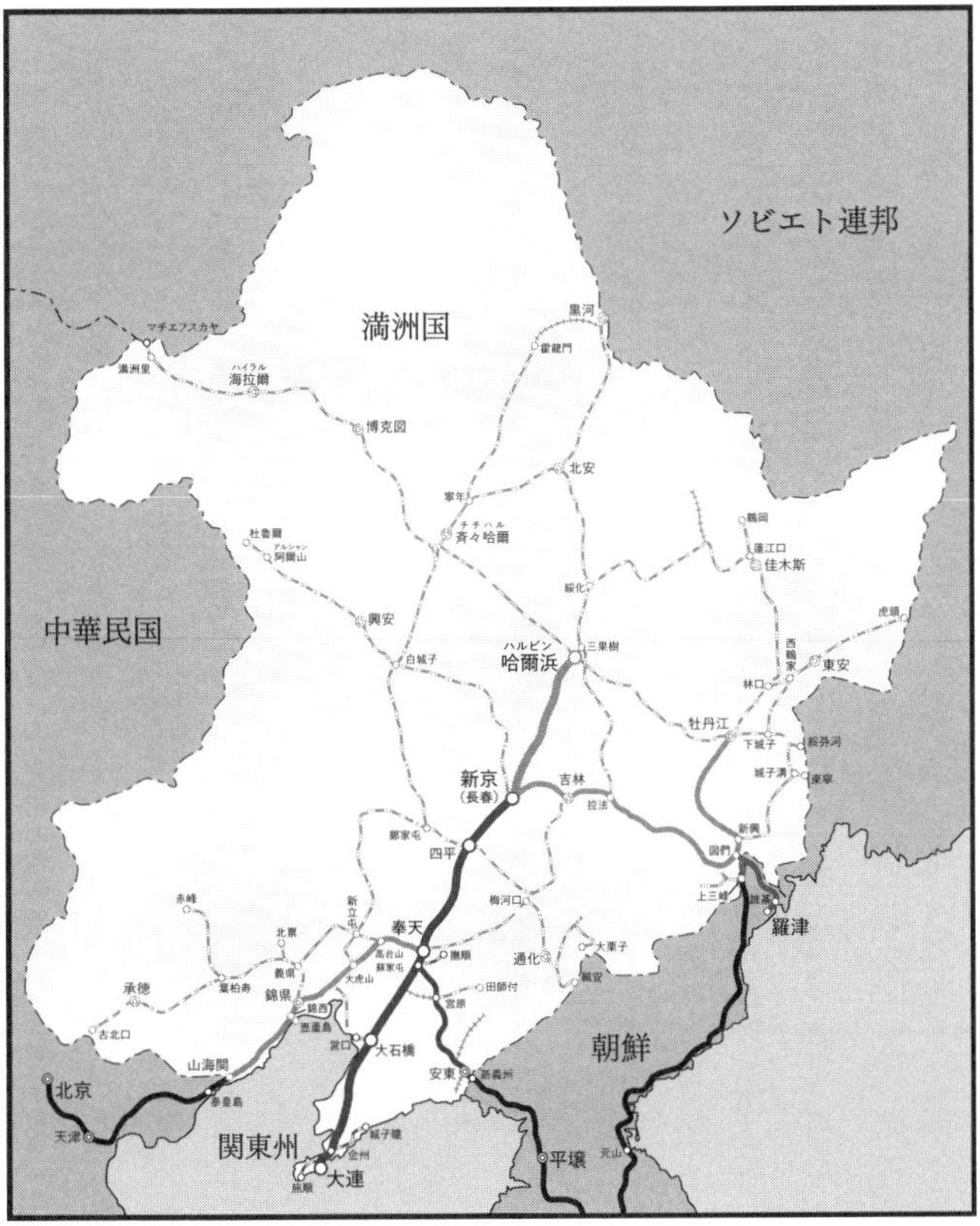

日本がロシアから獲得した満洲南部の鉄道とその付属事業を経営するために設立された半官半民の国策会社だ。鉄軌道は内陸部の物流の「要」だ。自動車が発達した今日でもその法則は健在である。たとえばロシアによるウクライナ侵攻において、ロシア軍が積極的に鉄軌道が集まる駅を占領するのも、そのためだ。

広大な満洲地域の鉄道事業や付属事業を経営していて、最盛期には日本の国家予算の半分規模の資本金、80余りの関連企業を持つ一大コングロマリットだった（前ページ図「満洲国の日系鉄道路線図（1945年8月）」参照）。

ところが高須氏の父はこう心配したという。

父　満鉄は会社だから、潰れることもありますよね、本当に大丈夫ですか？

祖父　バカ者！　あそこは「弐キ参スケ」がやっている。優秀な人間が関わっている会社が潰れるわけがないだろう。そもそも、満洲国が潰れない限り大丈夫に決まっているじゃないか。

父　満洲国が潰れるかもしれませんよね。
祖父　満洲国の後ろには大日本帝国がついている。大日本帝国が消滅するなんてこと、考えられないだろう？
父　……そう言われると、そうですね。

この「弐キ参スケ」とは、満洲国に強い影響力を有した軍・財・官の5人の実力者の名前の末尾を取った略称だ。その5人こそ「満洲三角同盟」を形成した東條英機、星野直樹、鮎川義介、岸信介、松岡洋右である。

高須　こんなやり取りがあったのですが、そしたら、大日本帝国が消滅しちゃって一文無しになっちゃった（笑）。だから、我が家は博打で大負けしてしまったのです。
祖父は満鉄株に全財産突っ込んでいて、株価が下がれば下がるほど買い込んで大勝負に出ていました。満洲国がなくならなければ、医者なんかやらずとも高須家は悠々自適な生活が送れる、そういうことを夢見たんですね。

でも、すってんてんになっても、祖父はへこたれることなく、「東條英機は一生懸命やったし、岸先生もまた必ず返り咲く。そうすればまた、わしらが喜べるような世の中がくる！」

と、戦後を看破。その祖父の影響を強く受けているので、僕はいまだに、東條さんと、岸さんだけは尊敬しているんですよ。

愛知県西尾市には、7人の軍人、政治家を祀った墓「殉国七士廟」があります。岸さんの揮毫で「殉国七士廟」と彫られていることからも、肝いりで作ったことが伺えます。

この廟は1952年のサンフランシスコ平和条約締結と同時に建設運動が始まり、1958年に、東京・日比谷で開かれた極東国際軍事裁判弁護団解散記念会で墓碑建設が正式に発表された。東京裁判判決に従い死刑を執行された東條英機、土肥原賢二、板垣征四郎、木村兵太郎、松井石根、武藤章の6人の軍人と、文官、広田弘毅の遺骨が碑の下に納められているとされている。

岸信介と日米間裏面史

高須　岸さんというのは本当に面白い人で、暴力団とか怪しげな人間とも上手く付き合える人でした。

井川　戦後史として有名なのは「フィクサー」と呼ばれた児玉誉士夫氏との繋がりですよね。

高須　僕は、1973年7月11日の六本木のTSK・CCCターミナルビルのオープニングパーティーに行く機会があったんです。「TSK」は、広域指定暴力団「東声会」の略で、設立者の町井久之さんもいらっしゃって。

そしたら、そこに岸さんもいて、児玉誉士夫さんもいて。確かパーティーを仕切っていたのが、渡邉恒雄さん（読売新聞グループ本社代表取締役主筆）でしたね。

僕は医者になりたてでしたが、バリバリ若者でしたので、おぉ、いいぞ〜って盛り上がって、「東声会バンザーイ」って声を上げていた（笑）。

井川　この辺りの話はロバート・ホワイティング氏の『東京アンダーワールド』（角川書店）に詳しいですね。

1953年に朝鮮戦争が休戦したものの、アメリカは共産主義圏の拡大を恐れました。そこで「西側のショーケース」として韓国への投資を促進し、経済発展を目指します。

まず対米強硬派だった李承晩から、元帝国軍人の朴正熙《パクチョンヒ》への政権交代を後押し。1963年に朴正熙が大統領に就任すると、1965年6月22日には日韓基本条約締結にこぎ着けます。

この裏側で韓国とのパイプとして暗躍したのが児玉氏。児玉三羽ガラスの1人町井氏は、在日韓国人で、対韓裏外交の実働部隊として動きます。この時の対韓投資の成功によって、町井氏は東声会を辞めて「東亜相互企業社長」という肩書きのビジネスマンに転向。その成功の象徴がTSKビルでした。

また読売新聞はアメリカが日本を「核の平和利用モデル」にする政策の旗振り役でした。「大正力」こと正力松太郎氏がCIA（アメリカ中央情報局）の要請によって、読売新聞紙上で原発推進キャンペーンを行っていたからです。
そのオープニングパーティーは戦後の極東アジア史の裏側を象徴するような集まりですね。

高須 あのころ、日韓トンネルを通すのに一生懸命やっていた時でした。

井川 そういえば最近、ＳＮＳでは日本の九州から韓国を結ぶ「日韓トンネル」が散発的に話題になります。韓国の政権は左派・右派が概ね入れ替わるのですが、左派は反米・半島統一ということで親北。右派は親米・独立ということで親日の傾向が強い。猫の目のように外交姿勢が変わるので信用できない国なのですが、現在の尹錫悦《ユンソンニョル》政権は右派。ということで、亡霊のごとき「日韓トンネル」ネタが甦っているようです。
このおよそ現実的には不可能な構想が生まれたのは、日韓基本条約時代だったんですよね。

高須 そうなんです。岸さんは韓国の朴正熙大統領（在任１９６３年～79年）とは兄弟仲ですから。ちなみに、朴正熙大統領のころは、僕は美容整形なんて考えてなかったんですよ。

井川　それはどうしてですか？

高須　いまでこそ韓国と言えば、〝整形大国〟のイメージが強いですが、朴正熙大統領は美容整形が大嫌いだったんです。

実は、その後の盧泰愚《ノテウ》大統領（在任1988年～93年）も、盧武鉉《ノムヒョン》大統領（在任2003年～08年）も、みんな美容整形に強い拒否反応を持っていた。

日本で美容整形をして帰ってきたら、パスポートを没収して、二度と日本に行けないようにしていたこともあるくらいです。

そこで僕は、韓国で弟子を養成した方が早いなと思って、その弟子たちが、いまの「大韓美容形成外科学会」を作りました。だから、僕は韓国美容整形の創始者なんですけど、いつのまにか歴史から消されちゃった（笑）。

井川　盧泰愚大統領の目は作られたかのような二重だったので、驚きです。

「保守」という言葉がすでにうさんくさい

井川　高須家が復興していくプロセスと、岸先生の業績はどのように絡んでいるのでしょうか。

高須　少し長くなりますが……。僕は、60年安保の時に、ちょうど高校卒業をします。同級生で東京大学に行くような優秀な人間は、漏れなく全学連（全日本学生自治会総連合）なんです。

高須家の場合は、大学に行くのは医師免

許を取るための試験、それを受ける権利がある医学校に入ればいい、という教育方針でした。

だから、みんな勉強していたけど、僕が受験したところは、私立の医学部でものすごく易しいところ。試験は4教科しかなくて、模擬試験を受けると、基本的にみんな合格することが分かっちゃうくらいでした。

僕の在学していた、東海高等学校の教師はほとんどが左翼でしたが、歴史の先生だけが、バリバリの右翼だったんです。

「岸はえらい！」

と言って、その先生1人だけ浮いていました。

他の生徒が英語や数学ばかり勉強する中、僕はその先生の授業を聞くのが楽しくてね。そこで、岸さんの功績から偉大さを学びました。それもあって、僕は学生の時から岸さんが大好きなんです。

井川　岸信介氏の最も有名な功績が1960年の日米安保改定ですが、今日では岸信介氏を帝国が生み出した最高の官僚と評する人もいますね。

高須　はい岸信介氏こそは、帝国で革新派の政策を推進した革新官僚だったんです。なぜか皆さん、岸さんや安倍さんを「保守、保守」って言いますけど、この「保守」という言葉自体がうさんくさいなって思って。

もともと自民党が言っていた保守とは、１９５５年に自由党と日本民主党が合同し、自由民主党が結成された「保守合同」の時の人たちのことです。左派と右派の社会党が合同した革新合同に危機感を持ったから保守も合同したのです。

このように整理していくと、実は日本政界では「保守」に比べると、革新の方が正直だし、純粋ということになりますよね。

自民党というのは、いわゆる複数の動物が集まった架空の生物「鵺《ぬえ》」のような、本当に怪しげな集団だと思っています。

本当に「改憲」は党是か

高須　「怪しげな集団」というのは、結党の経緯にあります。戦後の選挙で第一党になったのは、1946年に鳩山一郎さんが党首だった時の日本自由党です。「憲法改正」を最初に掲げたのも、鳩山さん。国民もその主張に賛同して、日本自由党の勢いはすごいものがありました。それを見て、「これはやばい」と感じたGHQ（連合国軍最高司令官総司令部）が鳩山さんを公職追放した。

そこで、後任総裁への就任を受諾し、いわばリリーフとして、同年に吉田茂さんが内閣総理大臣に就きました。

そこから吉田さんは、憲法改正はしないで、アメリカにタダ乗りする安保でいこうとか、おかしな方向に動き出してしまったんですね。鳩山一郎時代の勢いを失った自民党はだんだん小さくなっていくし、おまけに社会党も右派と左派に分かれて勢力が弱くなるばかりで。

「右派」「左派」が混在する社会党も怪しいんだけど、自民党の方がもっと怪しげな集団なんです。

いまでは、55年体制の時の「保守」という言葉の意味合いは変わり、自民党議員全体の考えでは、政権維持が一番重要なことになってしまった。

井川　いまの高須先生のお話を聞いていて、私の頭の中で点と点が繋がりました。まずは、岸信介氏が「革新官僚」だったという点です。

ということは、戦前の統制を強めようという革新官僚だったわけですよね。ただし、その裏には、「大日本帝国は覇権国であるべき」だという揺るぎない信念があった。だから、岸さんの方針というのは、自民党に通底している「国家が国民を統制する」という感覚と極めて近かったのかと。ただし、岸さんが憲法改正を高らかに言っていたかどうかは別にして、自主防衛路線というか……。

高須　おっしゃるように岸さんは「憲法改正」は、言ってはいなかったんです。鳩山さんとくっ付いた辺りから、憲法改正について言い出すようになりました。

井川　なるほど。やはり、自民党が目指す国家像の源流には、戦前の日本帝国の理想像が内包されている。すなわち

元首としての天皇の下で国家を統制する国家社会主義の完成

覇権国を目指すという方針

の2つがあったということですね。それゆえ結党後には憲法を改正して国家社会主

義国を近代化し、「自主防衛」によって覇権を目指すことになっていったのではないかなと。

大多数の一般有権者の感覚では「憲法改正」と「自主防衛の実現」はセットなのですが、実はこの2つの方向性はまったく別な話です。ところが自民党は「憲法改正」して「自主防衛を実現する」両方を併存させている。

高須先生のお話を伺って、そこには歴史的な流れがあるんだということに気がつかされました。

井川家と政治

高須　井川家と自民党、井川家と岸家といった関係も深い繋がりがあるのでしょうか。

井川　いえいえ、歴史なんてないですよ。父方の祖父・伊勢吉が小さい会社を興すまでは、リヤカーを引いて各家庭を回って古紙を回収していました。

母方の家系は高須先生の話と似ていまして、大阪・船場の漆器問屋だったんです。

その次男坊が、私の母方の祖父にあたる人なのですが……母方の実家は愛国者だったもので戦時中に〝戦時国債〞に財産をほとんどつぎ込んでしまった（笑）。

高須　愛国者は全員、戦争に負けると同時に、経済的にも負けたんですよね（笑）。

ただ、いまでも思うのは、大東亜戦争は最終的には日本の勝ちですよ。

戦争というのは、政治目的を遂行するために武力を行使するというだけのこと。つまり、政治目的を達成できればいいというのが私の評価点です。

帝国時代の日本は戦時中に軍事を強化しながら、経済的にも耐えられるように構造改革をしています。いまの保険制度とかもそうですが、戦時中にいろいろな規制をたくさん作って、日本国内の企業が強靱化するように整備している。

そして、岸さんの後の1960年に池田勇人さんが総理大臣に就任。池田内閣が発足してから、大東亜戦争で蒔いていた種から芽が出てきて、その結果、日本は経済的に勝利したのと同じになったと思います。

井川　先ほど申し上げた覇権主義国を目指す方向性が、皮肉にも敗戦後、開花したということですか。

高須　日本が世界で最も優れた国だと表現された、「Ｊａｐａｎ　ａｓ　Ｎｕｍｂｅｒ　Ｏｎｅ」と言われた時は、山手線圏内の地価総額でアメリカ全土が買える、と比喩されるほどでした。日本の経済力は世界一だったわけです。

いま、経済戦的に負けちゃっていますけど、最初に大日本帝国が目指していた東亜独立は成功しました。

安倍発案の外交戦略を世界が踏襲

井川　そこで安倍晋三評に繋がっていくんですね。

高須　安倍さんが偉かったところは、大東亜共栄圏の再構築のように、２０１６年に日本政府の外交方針として、「自由で開かれたインド太平洋戦略」を提唱したことにあります。

安倍以前、覇権国アメリカもヨーロッパも地球儀上の外交・安全保障戦略を「太平洋」、「大西洋」で分割して考えていた。ところが安倍元総理は、この2つの大洋の中心点を「インド太平洋」に設定。ユーラシア大陸沿岸部全体を外交・安全保障の中核に設定することに成功した（次々ページ「FOIPとハイブリッド連携」参照）。

この功績を陳腐化する人たちも一定数いるが、2018年5月30日、アメリカ軍は「太平洋軍」を、「インド太平洋軍」に名称変更した。外交・安全保障の超大国であるアメリカが、日本発の外交・安全保障戦略を踏襲した成果は極めて大きい。

この外交戦略はFOIP《ホイップ》（Free and Open Indo-Pacific Strategy の略で、直訳すると「自由で開かれたインド太平洋戦略」）と呼ばれる。「戦略」という言葉で中国を過度に刺激しないため、現在では「自由で開かれたインド太平洋」と呼ばれている。

高須氏はFOIPは大東亜共栄圏の再構築と指摘しているのだ。

高須　アメリカも支持していて、米国のバイデン政権も2022年にインド太平洋地域における方針を発表。安倍さんは、岸さんの考えていたことを、現代にもう1度蘇らせようという、まさに、これからが楽しみというところで、凶弾に倒れてしまったのです。

井川　日韓の問題もそうですよね。確かに、高須先生のおっしゃる通り、結果的に勝っているというか。

たとえば、日本は、併合した朝鮮半島の経営に失敗して赤字だったと言いますけど、日本が焼け野原から立ち上がるきっかけになったのは朝鮮戦争です。朝鮮半島で喪失した生産能力を、日本が担うことになりました。

1950年〜1952年までの3年間に特需として10億ドル、1955年までの間接特需で36億ドル。1951年の名目GDPが前年比で38％増ですから、大変なことです。

このことが高度経済成長の入り口になった。旧統一教会のトップ、韓鶴子氏の、

FOIPとハイブリッド連携

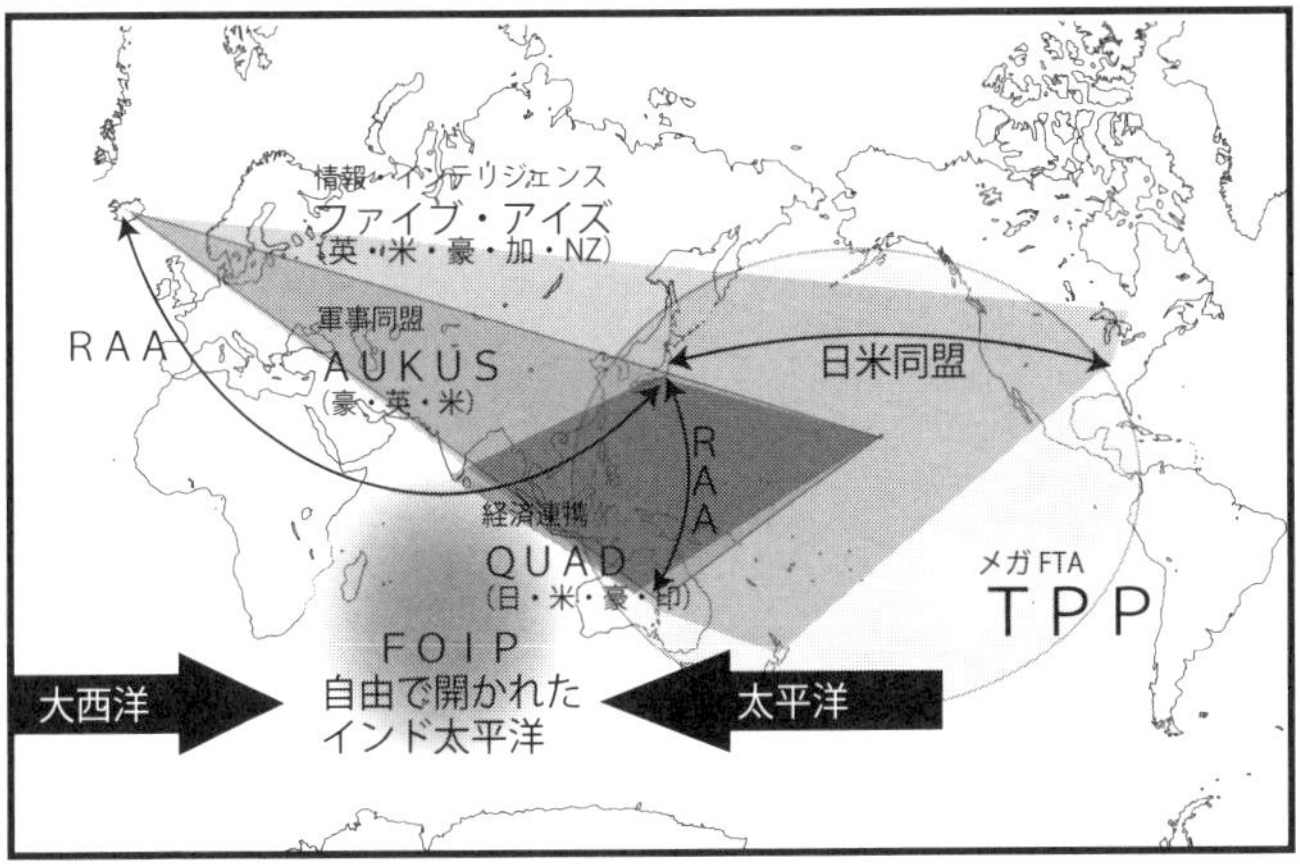

「日本は韓国のおかげで経済復興したことを忘れてはならない」という発言自体は事実です。

戦前日本は朝鮮半島に莫大な投資を行いましたが、この「朝鮮特需」によってようやく回収することができた。

その意味では朝鮮半島の経営は失敗だったと言い切れませんね。

高須　その戦争といえば現在、中国が台湾を武力制圧するリスクが日増しに高くなっています。台湾と日本は地政学的に一衣帯水の関係です。台湾が攻撃されることは空間的に日本が攻撃されることと同意。

みんな、今度、日本で戦争が起きたら、えらいことになると言いますよね。日本有事の際は、日本が滅びるって言う人もいます。しかし、誤解を恐れずに言いますと、僕は、どこかちょっとだけ楽しみにしている部分もあるんです。

若者は目覚めるか

高須 医者の世界でもそうですが、焼き畑農業ってありますよね。これって、どこの国でも最初にやっているんですけど、とにかく、変なものが生えちゃうと、いいものが生えなくなってしまう。そこで、きれいに焼け野原にすると、新しい芽が生えて、どんどん伸びて成長してくるんです。

昭和天皇も終戦にする際にこうおっしゃっていました。

「種を残すために終戦にするんだ」

種を残すことができれば、一度大負けした方が、いまの若者たちも目を覚ますと思うのです。

もはや若者たちに「もっと働け」、「目を覚ませ」と、上から頭ごなしに喝を入れても全然ダメな環境になってしまった。すでに頭の中が洗脳されていて、GHQが計画した通りの日本人になっちゃっていますから。

こうした発言も、発展途上国に行くと、高須の言うことは筋が通っている、としっかりと伝わるのですが、日本の場合は、若者たちがまったく受け付けません。基礎的な教養もないし、話も通じない。年寄りがむかしの話をすると、「むかし話はいいからいまの話をしろ」と、聞く耳を持つそぶりも見せませんよ。

「いまの話は、むかし話の続き」という、歴史観を理解していないのでしょう。

井川　私から見た「若者観」は、一生懸命にやっているんだけれども、社会環境的に報われていないから気の毒だな、というものです。

いまどきの若者が育つ環境を作ったのは上の世代。高須先生のおっしゃる通り「むかしはいまの素」なわけですから、私は「いまどきの若い者は」という言葉は禁句にしています。

それを踏まえても、日本における「Z世代」というのは、本当に撃たれ弱いという印象ですね。

高須　本当にむちゃくちゃ弱くなりました。

無限の敗戦

1945年の「敗戦」以降も、日本は何度もの敗戦を味わうことになる。戦場になったのが「貿易」を中心とした経済だ。1955年から72年まで行われた日米繊維交渉。特に70年代〜80年代には自動車、牛肉、オレンジ、そして半導体と多くの分野にわたってアメリカは日本に「市場開放」を要求。ついには80年代からの日米構造協議を通じて「商習慣」さえアメリカに従うことになった。

アメリカの要求に従い続ける外交は「土下座外交」と評され、そのたびに「敗戦」してきたという評価は一定数賛同されているが、「Z世代」の特徴はそうした敗北の歴史の結実なのか――。

高須　いまが本当の〝敗戦〟ですよ。国民が立ち上がる力を持っていれば、休戦になろうが終戦になろうが、「もう1回やってやる」という気持ちになりますよね。

先に触れた、鳩山さん率いる自由党が第一党になった時は、「もう1回やってやる」と、強く思っている国民たちが票を入れたのだと思うんです。

僕が育った昭和20年代はみんな同じ気持ちで、「この次はイタリア抜きでやろうぜ」って言って、負けん気しかなかったですよ。「ドイツと日本でやればいい」とも言っていました。ところが、日本と違って、ドイツにはひどいところがありました。

それは、すべてをナチスとヒットラーのせいにして、「国民は悪くない」としたことです。

日本でしたら「陛下、申し訳ございませんでした」と、国民総懺悔。僕はこれこそが、復興の力だと思って信じていたのです。

井川　国民総贖罪意識が反動的に復興のパワー源になったということですね。「敗戦」といえば、第一次大戦で敗北し賠償金によって国民経済がどん底に落ちたドイツに登場したのがナチスです。

そのナチスは独裁的にドイツを支配したのではなく、憲法に定められた選挙を通じてドイツ市民によって選ばれた。その意味では、戦前のドイツ人全体に戦争責任が及ぶという考え方ですね。

高須　はい。ドイツは自分たちが選挙で選んだ政党と党首のせいにして、自分たちが選んだものに対して騙されたと矛先を向けました。

井川　政治家の橋下琴絵さんも指摘しているのですが、日独では終戦の形が違います。ドイツは無条件降伏で戦前の国家システムが一度完全に抹殺された。対して日本は、国体護持が明記されたポツダム宣言を受け入れる形の敗戦でした。

敗戦後のスタートの形が違うことが、戦前の政府評価への違いになって表れるのかもしれません。

アメリカ美容外科学会追放騒動の裏側

高須　このことを僕は、Ｔｗｉｔｔｅｒ（現在は「Ｘ」）でたくさんつぶやきましたよ。そしたら、ユダヤ人人権団体「サイモン・ウィーゼンタール・センター（ＳＷＣ）」

が怒ってきました。

2017年11月8日、SWCは突如、高須氏が「ヒトラー賛美」発言をしたこと、また高須氏が所属するアメリカ美容外科学会（AACS）から除名されたとする記事を、一方的に公式サイトで発表した。

翌同月9日、高須氏は記事の存在を知る。高須氏はAACSの初期メンバーで、アメリカ美容外科学会の「長老」はすべて親友。なのにどこからも連絡がこないのはおかしいとして、SWCの記事が「誤報」と判断。

「本人が知らない追放なんかあるか　気分がわるいので『いま退会する』とAACSにいまメールした。辞めた会員はもう追放できまい。これで面子つぶれたSWC」

とした。

高須　僕は徹底的に戦いましたけど、最終的には和解しました。ただし、この「誤

報」に至るＳＷＣのやり口は汚い。

ＳＷＣにはエイブラハム・クーパーという副所長がいるんです。そこで日本イスラエル友好議員連盟の会長でもある中谷元防衛大臣（当時）が間に入ってくれて、クーパー氏に、

「高須さんと和解して、正式に発表してください」

と助言してくれたのです。中谷さんは、クーパー氏が、

「すべてを理解しました。表向きは、みんな面子があるから謝罪は難しいが、高須先生にだけは分かってほしい」

と返事をしてきたことを教えてくれました。

最初は、ＳＷＣは陰湿にも、ＡＡＣＳに「高須を追放しろ」と圧力をかけた。ＡＡＣＳも、ユダヤ人がメインの団体でした。

ところが、僕はＡＡＣＳの初期のメンバーで、永代名誉会員みたいな、いいポジションにいたのです。それで僕は「絶対に辞めない」と言っていたら、ＡＡＣＳ側も否決されたと言ってきました。

それなのに、否決された後にＳＷＣが「高須は追放された」と発表したんです。それで、僕が直接行ったら「まだ、はっきりしていない」とどっちつかずの態度を見せたので、自分で退会を通告。先に辞めてしまえば、辞めさせられないだろう、という流れがありました。

井川　高須先生は、過去にも「アメリカもロシアも戦後スカウトされたナチスの科学者は優遇され宇宙開発や医学の進歩に偉大な足跡を残している」とポスト。

ところがこれを「ヒトラー礼賛」として、先生をヒトラーの信奉者とするデマがＳＮＳで拡散されることになりましたね。

科学の歴史を評価してもバッシング

高須　大前提として、私がヒトラーなど崇拝していない。しかもナチスのイデオロギーには、まったく賛同していない。

私が伝えたかったのはナチス体制下のドイツでは数々の科学業績が生まれたという

点でした。そういう科学分野の成長という面だけにフォーカスすると、ナチスはたいしたものなんですよ。

ところが戦後、日本人は「ナチスはけしからん」と、言うじゃないですか。しかし、ナチスが日本人に何か悪いことをしたのかっていう話なんですよ。これまで、日本人を助けてくれたことはあっても、日本人に対して悪いことはしていない。

そこで僕が、「ユダヤ人に悪いことをしたからって、何で日本人が一緒になって非難するんだ、筋を通せ」と言ったら、世界中で報道されました。

いま同じことをすると、もっとこっちに向かってきますよね。でも、自分が年を重ねて爺さんになってよかったのは、もはや地位も、名誉も、金もいらない、無敵の人になっていること。

これは強いですよ（笑）。

井川　私もまあ、似たような感じですが（笑）。

高須　僕にとって井川さんは位の高い友人です。僕たちの仲間って、2組しかいないんです。「がん友の会」と「前科者の会」。

もうこの2組は、信頼できる仲間。たとえば、日本保守党の百田尚樹さんは友達でした。でも、これまで、僕の中では最高位の友達リストには入っていなかった。それが、2023年の12月末にがんの宣告を受けたことを明かしたでしょ。これではれて「がん友の会」に入った。だからもう最高位の友人です。

井川　いや、でも先ほどの高須先生のお話に関連して、1つだけナチスと日本について伺いたいところがあります。

国際社会の魑魅魍魎

井川　ナチスは日中戦争の時に国民党の背中を押して、助けていたじゃないですか。そういう意味では、間接的に日本の邪魔をした時期があったのではないかと思っているのですが。

――中国とドイツは1910年代から1930年代まで「中独合作」を掲げて経

済面、軍事面などで協力をする。この関係はナチス体制下のドイツと、国民党統制下の中国まで続く。日中戦争は1937年に開戦するが、直前までナチスは国民党軍の装備の近代化をバックアップ。さらに開戦当初も支援したことで、日本軍は苦しむこととなった。

高須　そうですね。確かに、国民党の軍曹は全員ナチスのヘルメットを被っていましたね。ただ、それはビジネス的な面が大きかったからだと思います。

井川　まぁ、そうなんでしょうね。日本、ドイツにイタリアを加えて、日独伊三国防共協定を結びます。

それからナチスは国民党援助をやめて、きっちり手を引きました。協定というか協力で軍事同盟ではなく、経済同盟ですから、「ビジネス」ということでしょう。

高須　現在の世界情勢を見ても、そうした歪みは随所にあります。そういったことは、政治上しかたないのでしょう。

最近でも2023年12月にモスクワで開かれた会談で、ロシアのラブロフ外相がイ

ンドのジャイシャンカル外相とがっちり握手しましたが、これからロシア製の兵器はインドで作るそうですね。

井川　その辺り、インドはしたたかで賢いですよね。

２０２３年9月に開催されたG20サミットに合わせて、アメリカのジョー・バイデン大統領とインドのモディ首相らが、インド・中東・欧州を結ぶ経済回廊の実現に向けて合意しました。

インドと中東、アラビア湾と欧州を鉄道や航路で結んでインフラ整備するということは、中国が主導する経済圏構想「一帯一路」に対抗することになります。

インドはロシアだけではなく、アメリカにも恩を売っています。

その玉虫色のインドのモディ首相と深い友好関係を構築した世界で唯一の宰相が、安倍さんでした。G7は新たな戦略要衝、インドを引き込むために安倍さんを頼っていた。

安倍さんの逝去が、G7の損失と評価されるゆえんです。

第2章

金権政治と腐敗の闇歴史

安倍ノートの真偽

――前章では高須氏による「岸信介観」が明らかになった。世代がまったく違うということで、井川氏に「安倍晋三観」を尋ねてみた。

井川　そうですね。岸先生ですと、自分にとっては歴史上の人物ですが、安倍晋三先生は何度かお会いする機会がありました。

印象としては、祖父である岸先生に対する尊敬の念が強かったんだろうな、と。意思を引き継ぎたいと思っていただろうし。先ほどの話をお聞きしたところでは、岸先生は改憲を言っていないことになるんですけど。ただ、自民党のどの政治家よりも安倍さんは憲法改正に本気だったと思います。

――実際に会っていたということで最も知りたいことの1つが、政治家「安倍晋三」の変化だ。ご存じのように2006年に発足した第一次安倍政権は「戦後レジウムからの脱却」というイデオロギーを推進した。国政政党にあってイデオロギーを中心政策にしたアレルギーは凄まじく、多くの批判が集まる。

結果、体調不良によって安倍氏は1年で退任。辞め方の問題から自派閥に円滑に戻ることもできなかった。その後、自民党は下野。私生活では竹馬の友であり、政治家としては盟友だった中川昭一氏を失う。

プリンスと呼ばれた安倍氏が権力中枢に復帰するなどとても想像もつかない状況に追いやられる。

ところが悪夢の民主党政権への反動から、自民党への期待が集まった。2012年には第二次安倍政権が誕生。経済政策を中心に、すべての選挙を勝利し、長期政権を築き上げた。

第一次と第二次で何が変わったのか――。

井川　第二次安倍内閣が誕生してから、まったく別人になりました。

第一次政権の時は、いい人ですし、いい意味でボンボンでしたね。いまで言えば、23年4月に衆院山口2区補選で初当選した、安倍さんの甥っ子の、岸信千世さんみたいな感じですかね。

退陣した後は、どん底まで落ちて雌伏の時を経ていますが、よくも悪くも執念深い人なんです。一度でもその人に対して腹を立てると、絶対に許さない。安倍さんが内輪や親しい人と相手に、

「この世で嫌いなものは3つ。朝日新聞とNHKとあの人」

ということがありまして…「あの人」とは元経団連会長の米倉弘昌さんで、この冗談を言うとウケるので持ちネタにしていました。

しかし、シャレでは済まない相手もいます。2007年の参院選で自民党が歴史的大敗していますが、その時、安倍さんはすぐに続投の意向を表明しました。すると、ライバルとも言われた石破茂さんが、

「選挙に負けたにもかかわらず、続投は筋が通らない」

と、公然と批判しています。それもあって、石破さんのことは絶対に許さなかった。

自著「熔ける　再び　そして会社も失った」（幻冬舎）では、「デスノート」ならぬ「安倍ノート」の存在を明かしていたが、それは事実なのか。

井川　私も直接は見たことはないのですが、私が収監されている時に、当時、安倍さんの秘書をしていた初村滝一郎さんが、佐藤尊徳さん（「政経電論」編集長）の案内で面会に来てくれました。その時に聞いた話です。

安倍さんが総理大臣に再び返り咲いた際、アドレス帳を渡されると、名前の上に、赤、黄、青の蛍光マーカーが引いてあったそうです。秘書は自分が付いている政治家を「オヤジ」と呼んだりします。

初村　オヤジ、何ですかこれは？

安倍　「赤」は、俺が1回目に総理を辞めたとたんに寄り付かなくなった人。『黄』は、俺が2回目の総理になってから寄ってきた人間。そして『青』は、総理になる前も、辞めた後もずっと変わらずに付き合ってくれている人なんだ。お前も、これを頭に入れておけ。

こういうエピソードを聞くと、とても執念深い人なんですよ。

ところがその反対側でコロコロ人に騙された。初の女性総理、ポスト安倍として育てていた稲田朋美さんはその典型で、没後、掌を返して安倍政治とは真逆の方向に走ります。後で話しますが、そのことが岸田政権に致命傷を与えました。

自分が好き嫌いが激しいのを自覚していた裏返しで、寛容であろうと務めた結果なのではないでしょうか。

「前科一犯」は重いか軽いか

高須　素晴らしい。それを聞いたら安倍さんが大好きになりますね。僕もまったく同じです。裏切った人間の名前は、全部残してあって、みんな潰してやりました。

1990年に高須クリニックの会計責任者が保険外の医療収入を過少申告する手口で脱税して起訴された一件がありました。

僕は脱税に関与していませんでしたが、代表者として経理を任せっきりにして、気づかなかったことで過失があったとして、所得税法違反に問われてしまいました。厚生省に医業停止1年間の行政処分も受けているんですが、それまで仲良くしていた人たちは、「前科一犯」になったとたん、蜘蛛の子を散らすように離れていったんです。その人たちとの仲は二度と復活しないし、こっちは忘れませんよ。

井川　私は能天気な方なので、あんまり気にしていませんでした(笑)。

高須　井川さんと僕では〝テーマ〟が違いますが、僕の場合は、所得税法違反で両罰規定なんです。

クリニックのお金の流れにまったく興味ないから、帳簿を見たこともありませんでした。捕まった時も、国税局の職員に「どういう罪なんですか?」と聞くと、

「所得税法違反は、ウソの申告をしたということです」

「この申告書にある署名は、あなたのものですよね?」

と、国税局側は尋ねてくるのですが、私としては「これ誰の字？」って感じです。おそらく誰かが書いたのでしょう。まあ、事務長か誰かが書いたんですけどね。僕は数字を見てもピンとこないし、儲かっているか儲かってないかくらいで、大雑把なことしか分からなかったのですが、知らないことが罪だと問われたのです。

形式的には、高須クリニックは初めから株式会社ではありません。個人事業で、高須克弥、僕自身なんです。普通、所得税法違反でやられる時は、実行犯の罰とは別に会社に罰金がきます。

だから僕は、罰金刑だけでした。

ただ、罰金刑を受けても、所得税法違反は前科一犯なのです。

井川　日本の刑法で懲役と禁錮は、「別物」と規定されてきました。受刑者に刑務作業を義務付けることがあるのが「懲役」で、刑務作業を強制する義務がないのが「禁錮」です。

しかし2022年6月13日改正刑法が成立し、懲役と禁錮の両刑を一元化して「拘禁刑」が創設されることになした。

とはいえ罰金刑以上が〝前科〟というのは動きませんから、先生は立派な前科者です（笑）。

高須　しかし罰金刑と拘禁刑の違いでモヤっとすることがあります。「前科者の会」といってみんなで集まると、ナカ（刑務所の中）に入っていた時の作業の話とか、テレビが見られる時間の話とか、いろいろな話で盛り上がるのですが、僕は入っていないから、その会話には加われないんです。

所得税法違反の罪に問われた時も、興味があったのでちょっと入ってみたかったんです。

それで、「この罰金を払わなかったらどうなるの？」と、聞きました。そしたら、1日50万くらいの値段で勾留される、と。罰金を払うよりもその方が面白そうじゃないの、と思ったので、

「行きたい！」

って言ったら、みんなに止められました（笑）。本当に刑務所生活を経験してみたかったので、残念でしたね。

井川　（笑）。

　ナカのご飯は味がやたらと薄いんです。出てくると、「甘党」になってしまう人も多いという話があります。

　確かに、刑務所に入っている時は甘い物が食べたくなるんです。でもそれは、ほかのものの味が薄いから。出所した直後に甘いものが食べたくなる人もいるようですが、自分の場合はそんなことはなく、濃い味のものを欲しました。

　刑務所の食事は、成人病予防で塩分が少ないんですよ。

　規則正しい生活を送る中、これを機会にダイエットしようと思って、食事を半分残すようにしたら、入ってから半年後には19キロ減量し、目標としていた学生時代と同じ体重55キロまで痩せましたね。

高須　長生きしますよ（笑）。

地下社会のドアマン

高須　アウトローと言えばの児玉誉士夫さん。児玉誉士夫さんがみんなに声を掛けて、岸さんを支えるために暴力団を集めて、１９６０年安保の時は切り崩しに行っていましたよ。

戦後の混乱期、警察組織は人も力も不足し、市民生活は戦勝国の外国人に脅かされることとなった。不足する市民の安全保障を補うためにヤクザ組織が利用され、その見返りに「お目こぼし」が行われた。

吉田茂氏による50年代の旧日米安全保障条約の締結に向けて左翼運動が活発化。日本共産党は学生運動や労働運動を積極的に展開する。そこで、51年に日本粋会、森田政治初代会長が博徒組織を集合させて20万人でこれに対抗する「反共抜刀隊」構想を発表した。

「反共抜刀隊」は当時、総理だった吉田茂氏によって却下された。抑止力の不足から同51年に日本共産党は「軍事方針」へと舵を切り非合法活動を活発化。同51年には練馬で警察官を撲殺して拳銃を奪った「練馬事件」。52年には北海道札幌で警察官を射殺した「白馬事件」を起こし、同年の「血のメーデー事件」ではデモ隊側の死者1人を含めて双方に大量の重軽傷者を生んだのである。52年に破壊活動防止法が制定され、日本共産党は監視調査団体と認定された。55年に日本共産党は暴力革命路線を放棄したが、代わって新左翼が台頭。新日米安全保障条約が締結される60年に向けて、反対運動が激化。当時の岸信介総理が児玉誉士夫氏に警察の警備不足補強を要請する。

児玉氏は警視庁と打ち合わせをして、博徒、テキヤ組織の計約2万2000人を「警察補助警備力」として御成門周辺に配備することを決めた。

井川　工藤美代子氏が書いた『悪名の棺　笹川良一伝』（幻冬舎）で、笹川氏の三男、陽平氏が児玉氏をこう評しています。

〈児玉誉士夫という人は、要するに表と裏の世界のドアマンだったんです。表の世界で何か問題が起きると『分かりました、引き受けます』と言ってドアを開け裏世界へ行って、裏の人々をまとめる。『裏ではこう言ってるよ』と表に戻ってくる。まあ、彼一人で蝶番の役割を果たしていたんでしょう。依頼主には見えないから、児玉先生のお蔭です、となる〉

この「表と裏の世界のドアマン」という言い方はかなり的確ではないかと。1992年の暴力団対策法施行以前、「児玉的闇紳士」は多くいました。

大王製紙の関連会社で「京都商工」という井川ファミリーの資産管理会社があります。大王製紙は戦前から鴨川のほとりに1万坪ほどの製紙工場を持っていて、戦後は古紙置き場にしていました。

高速のインターで土地を接収されることになったのですが、バブル期に入っていたので、莫大な税金がかかる。固定資産の取得価額を減額する制度「圧縮記帳」はすでに廃止されていたのですが、例外的にこれを認めさせます。

そのために鹿島建設が管理していた麴町の土地を購入することになったのですが、

上物の幽霊ビルは複数の暴力団が占有する超問題物件です。鹿島側は「きちんときれいにしてお渡しします」と言うのですが、本当にクリーンにしてくれました。

後日、地上げ関連で有名だった「ドアマン」のKさんと知り合うことなった時、「あそこは自分が整理した」と明かされました。

暴力団に頼めばどこまでもしゃぶられるリスクがありますが、こうした闇紳士は表の企業にとってもちょうどいい手数料で物件をクリーンにしてくれていました。

日本を壊したのは田中角栄

高須　抜刀隊という名前は知りませんでしたが、岸さんと吉田さんの共産主義に対する見方は決定的に違います。岸さんは「官僚派」と「党人派」に分けた時に、「官僚派」に属する素性の方です。

ところが、岸さんの実際の行動を見てみると、「党人派」。官僚出身なのに、反官僚的で安倍晋三先生と同じで、そこが素晴らしいところだと思っています。

井川　安倍先生は確かにそうですね。

官僚派・党人派というのは明治維新後に生まれた言

葉です。元薩摩・長州藩士出身者が官僚を経て政治家に。自由民権運動を通じて政党から政治家になった派閥が対立します。

１９５０年代以降の自民党内でも外務官僚出身の吉田茂のいわゆる「吉田学校」出身の官僚派と、党人派がゆるやかに対立します。

岸信介さんは帝国が生んだ官僚なので、出身から考えると官僚派ということになるのですが、党人派で、60年安保で大役を果たし、ゆっくりと権力中枢から遠い場所に身を移していきます。

自民党内で岸さんの正当後継者となったのが、福田赳夫さん。その時、ライバルとして台頭してきたのが田中角栄先生で、２人は１９７０年代から長く「角福戦争」と呼ばれる権力闘争を繰り広げます。

高須　この権力闘争は１９８７年に田中派の系譜である竹下登さんが総理になって竹下政権が発足することで終焉しました。この辺から、自民党がおかしくなった印象があります。

井川　私は日本と自民党をダメにしたのは、角さんだと思っています。

自分の祖父もそうでしたが、田中角栄という人は苦労人でしたから、人の気持ちがよく分かるんですね。

私が大学1年生の時に、たまたま角さんと縁があって、大王製紙の新年会の挨拶をしていただいていたんです。また、うちの祖父には知るだけで妾が3人いて、そのうちの1人の娘の結婚式があった時に、「妾の子だから、箔を付けさせてやろう」という話になって、式に田中角栄さんを呼んだこともありました。

それで、祖父と父が角さんにお礼の挨拶に行く際には、私も連れていかれたんです。すると、私の父が場を和ませるために、「息子が政治家になりたいと言っていて、困っているんです」という話をするわけです。

すると角さんは話に乗ってきて、例の口調そのままで、

「おっ、そうか。君はいくつだ?」

と聞いてきました。「大学1年生です」と、答えると、すぐに、

「そうか、卒業してからじゃ遅い。明日からうちの事務所に来い。政治のいろはをたたき込んであげるから」

と、本気なのか冗談なのか分からないことを言うのです。そこは丁重にお断りしたんですけども。

金権、利権体質の源流

井川　その場に、使い捨てカメラの「写ルンです」を持っていたので、おそるおそる一緒に記念写真をお願いしました。すると角さんは、「もちろんだ」と快諾してくれて、

「背景はこっちの方がいいな、ほら、こっちに早くおいで」

と、一介の学生相手によくしてくれるんです。それだけで嬉しかったし、人の気持ちを摑むのが非常に上手いなと思いました。

政治家としての「田中角栄」が日本を亡国に導いたのに対して、人間としての「田中角栄」は魅力的です。このコントラストが田中角栄評を歪めてしまう。

エピソードがいろいろとある人ではありますが、ある若者が「100万円必要なん

です」と相談に言ったら、300万円渡して「返さなくていい」と言ったことは、案外、「田中角栄」をよく表しているかと。

つまり「政治家」としても「ヒト」としても何でも金で何とかなるという姿勢は共通している。

私は、人間というのは幼い時に「喪失していたモノ」を追い求める傾向があると考えています。もちろんそれがよいことにも悪いことにもなるのですが、赤貧洗うが如し幼少生活から、角栄は「金権」に一直線になった。

結果、日本の国土を破壊しましたよね。

地方経済を発展させるために提唱した「日本列島改造論」なんていうのは、私に言わせれば、ただの「マッチポンプ」。新幹線や高速道路ができるところを前もって知っていて、自分のふところに入ってくるお金を作り、錬金術を最大限に利用していた。いまの自民党の金権体質、利権体質というのは、田中角栄さんの時代に大きく育ったんだろうなと思うのです。

高須　僕も田中角栄さんとは話したことがあります。開業してすぐに、「日本ＪＣ」

（公益社団法人日本青年会議所）に入りまして、医療部会長を務めていました。

当時は、みんなで計画を立てて、いろいろな勉強会をやっていたんです。それである時に、「田中角栄さんを呼ぼう」という話になってお願いしたら、二つ返事で来てくれました。

しかも、自分たちのために長い時間を作ってくれたのですが、角栄さんは勘違いしていたんですね。日本ＪＣには、政治家の御曹司がたくさんいて、卒業生が政治家になるケースも多かった。そこの医療部会といったら、さぞかし政治力と集票力があるだろう、と思っていたのです。


堤清二氏（セゾングループオーナー）、平尾昌晃氏（歌手、作曲家）、鮎川弥一氏（テクノベンチャー創業者）、石川六郎氏（鹿島建設名誉会長）、伊藤次郎左衛門祐洋氏（伊藤財閥／松坂屋創業家）、岩波雄二郎氏（岩波書店会長）、牛尾治朗氏（ウシオ電機会長）、服部禮次郎氏（セイコー名誉会長）など日本ＪＣは多くの著名人を輩出している。

政治家では2024年2月現在、自民党副総裁を務める麻生太郎氏で日本JC会頭を務めた。また麻生氏の実子、将豊氏も日本JCを会頭を務めたことから後継者と目されている。

ところが実際は、当時の医療部会は日本JCの中でも、「部会」と名乗っているだけで、日本全国で15、6人いるだけの小さな組織でした。

闇将軍時代の愚痴

高須　医者と歯医者と薬剤師が入るんだけど、日本JCはみんなで飲み歩いて政治の話をするのが好きなだけで、医療部会は全然人気がなかったので、選挙の時に票を集められる力なんてまったくない。

おそらく、角栄さんも集会に来た時に集まっている人数が少なくてすぐに気づいていたと思いますが、機嫌を悪くすることもなく、

「自分は2階に住んでいて、オールド・パーを飲んで酔っ払って、よく2階から転げ落ちていた」

など、自分たちを喜ばせようとリップサービスしながら、盛り上げてくれました。

井川　オールド・パーは傾けても倒れないボトルデザインから験を担いで愛好する政治家は多いと聞きます。

高須　それで距離が近くなったので、ある時に指を捻挫したって聞いて、緊急手当の本を送ったら、すぐに礼状が来ましたよ。いつもそんな様子で、角栄さんはすごく丁寧な方でしたね。

1976年のロッキード事件の後だったので、政治的な表の力は完全に削がれて、「闇将軍」をやっている時の話です。僕たちが呼んだ時は顔色が悪くて、愚痴っぽいことも言っていた。

「自分は、結核で辞めさせられて長岡に帰された時は、担架に乗せられてホームに放りっぱなしにされてツライ思いをした」

だとか。それを聞いて、この人は戦争が嫌いだろうなと、伝わってきました。

角栄が中国に走った理由

井川 角さんは「安全保障」や「国防」に無関心で、対中融和路線一直線でしたよね。

高須 手柄は特に何も立てていません。

井川 「田中角栄」という人物の政策については、高須先生はどう見ていますか？

高須 角栄さんの政策は、経済には結果的に上手く合致しましたが、政治的には岸さんが怒り狂うような政策ですよ。

経済政策は、最終的に民を富ませるという意味では同じですが、岸さんの方は、先に政治的な筋を通しておいて、中国共産党は放っておいて台湾と仲良くする。

それから、岸さんは朝鮮とも仲良くしていて、自分たちの息がかかった経済圏を栄えさせよう、としていたんです。

一方で、角栄さんの時は、いままで縁のあったところはサッと切り捨てて、中共とがっちり手を組んだ。

鳩山一郎さんは、サンフランシスコ平和条約に調印しなかったソ連と国交回復に向けて交渉に動きました。でも、あれは筋が通っています。というのはソ連とは講和してないのですから、講話するためにまず国交を結ばなければならなかったからです。中共は初めから反乱軍だし、国連を作ったのは蔣介石ですからね。

台湾、すなわち中華民国は国民党と中国共産党による国共内戦に敗れた蔣介石が中国大陸を逃れて建国した「国」だ。戦後、長く「中国」の政府は中国共産党の北京ではなく、蔣介石の中華民国とされていて、国連常任理事国も「中華民国」が務めていた。ところが1971年のアルバニア決議で「中国」の正式な政府は北京であることが決定。激怒した蔣介石が国連を脱退したことで、台湾は国ではなく「地域」になってしまう。

岸信介氏の系譜「清和会（安倍派）」は現在まで原則、「親台湾・反北京」で、田中角栄氏の系譜「平成研（茂木派）」は「ヒゲの隊長」こと佐藤正久氏のような議員を除いて「親北京」になっている。

井川　戦前の大日本帝国の官僚だった岸信介氏から見たら、朝鮮半島と台湾は大日本帝国の一部じゃないですか。植民地ではなく、大日本帝国の一部。戦前の大日本帝国にしたら、悪い言い方をすれば「残滓」で、そこと仲良くしようというのは自然なことなのでしょう。

それに対して、中国は戦った相手ですから。蔣介石という問題はちょっと横に置いといて。地理的に言えば、攻めに行った側と仲良くしてしまった。共産党か国民党かの問題は別にして。

そういう背景があっても、田中角栄さんは中国に行っちゃうわけですからね。

守旧VS新興の利権闘争

高須　みんなの思ってないことをやってくれたということで、面白い反応が起こりましたが、本来、岸さんが考えていた「絵」とは、まったく違う絵にされちゃいました。

井川　結局のところ、たとえば旧来の自民党の中でも原子力村、原子力利権とか、石油利権とかもありました。

河野太郎氏の太陽光パネルの部品を中国で生産している「日本端子」をめぐる疑惑もありましたが、結局、自民党の中の利権争いが続いています。

アメリカだったら政党単位でやっていることを、自民党は「政党の中」でやっている感じ。

「自民党」の中には歴史ある派閥、議員が代々受け継いだ伝統的利権があります。たとえば対米人脈や、石油や電力といったエネルギー、自動車などの重工業がそれで、相応する形で電力議連や自動車議連が形成されています。

ところが田中角栄さんのようなたたき上げの新興議員が、そうした伝統的な利権に食い込むことは難しい。そこで新興国の中国や、新エネルギー源だった「原発」などに食い込んでいく。

このことはアメリカも同様で共和党は石油利権を握っているので、民主党は反石油——つまりグリーン政策に向かうわけです。シェール革命で実行できませんでしたが、バラク・オバマ時代には「グリーン・ニューディール」という民主党への利権誘導政策が実施されそうになりました。

日本の場合、「アメリカ民主党」に当たるのが無派閥の菅義偉氏や、親の世代に躓いて利権から弾かれた河野太郎氏、小泉進次郎氏。こうした人たちが「太陽光」、「エコ」、「コオロギ食」、「ライドシェア」などを積極的に開拓するのは、守旧と新興の利権構造からある意味で必然なんです。

高須　これが自民党の、一番歪《いびつ》なところで、アメリカは二大政党制だけど、自民党は1つの党の中に複数の政党を抱えちゃっている。

「1つの党」にしちゃうと、自分たちの政権が維持できないから。

くっ付いて大きなかたまりになってしまえば、とりあえず、つねに与党でいられます。日本をよくすることなんて誰も考えていなくて、ものすごくせこいというか、筋を通していませんよね。

井川　「筋」でいうと自民党内の対中姿勢もまったく通っていません。2022年4月4日に、私が安倍元総理と会食した際、当時、外務大臣だった林芳正さんの親中姿勢が話題になりました。安倍さんは、4月4日に故安倍元総理と食事をご一緒した時、「林さんは中国のハニートラップにかかってるでしょうね」と、おっしゃっていた。インテリジェンス上の安全保障が脅かされるので詳しくは言えませんが、林さんが個人的に相当数、訪中していることなども含めて詳細に根拠をお話しになっていました。

日本で唯一、中国共産党を「敵」と公言している政党は日本共産党だけという極めて歪な構図なのです。

安倍ロス後の自民の劣化

高須 そういう中でも、岸さんみたいな人が生まれてくることもありますが、自民党が分裂して、「純化」した党になるんだったらいいけれど、キメラみたいになって段々と変質して劣化しちゃいました。

それでも、第二次安倍政権の時はいい流れができてはいたのですが……。

井川　私の見解としては、もとの自民党は、全体としては「腐ったミカン」。それでも、安倍さんという大きな存在がいたから、悪臭に蓋をして閉じ込めることができていました。

私は安倍さんのやり方全部が全部に賛成というわけではありませんが、しっかりと、「強い日本を取り戻す」

という理念を持っていたのは間違いありません。

安倍さんは選挙にも強くて、自民党総裁に返り咲いてから退陣するまで、国政選挙で6連勝しています。その事実は、有権者が安倍さんの政治を支持していたということを示しています。

それなのに、安倍さんが亡くなってからガラリと変わってしまいました。

安倍政権時代に防衛大臣などを務め、師と仰いでいた稲田朋美なんて、腐ったミカンそのものじゃないですか。

2023年6月に可決・成立した、性的マイノリティへの理解を広めるための「LGBT理解増進法」では、慎重・反対論を押し切って、安倍さんがいなくなった途端に先頭を切って声高に主張していました。

安倍元総理は性的マイノリティの問題について、「差別や偏見を認めるつもりはないが、法整備までする必要はない。アリの一穴になる」

としていた。皇室の継承問題なども含めて、社会が大きな矛盾を抱えて混乱することに対する懸念があったからだ。

法整備を常に否定されていた稲田氏だが、安倍氏の逝去を待っていたかのように一気に法整備化に動く。しかも党内反対派の議論を封鎖し、議員立法であるにもかかわらず党議拘束をかけるという自民党では異例の強硬姿勢で押し通した。

稲田朋美こそ腐った自民の典型例

井川 2023年年末に向けて、高額なツケの支払いを求めるホストクラブの「売掛金」が問題になりましたよね。私の知人に、ホスト業界の人がいます。その方が、立憲民主党の塩村文夏氏らに叩かれているというので、知り合いのつてを頼って、まさにパー券を買って、稲田さんのところに行ったんです。

パーティーの席で稲田さんに相談したら、

「そんな美味しい話、野党に任せてはおけないわ」

って（笑）。

高須 （笑）。

井川 それで、失敗した……と思ったらしいですよ。その後に、急に警察庁とかが動いているのも、もしかしたら何かしらの働き掛けがあって、それが原因かもしれません。

少し話がそれますが、いまは、ホストクラブも客層が変わったと言っていました。20年くらい前は、ホストの客の8割は風俗や水商売の女性。もともと身体を売る商売の女性が、憂さ晴らしにホスト遊びをしていた。

知り合いのホストも「自分たちもよくなかったと思います」と言っていましたが、普通の女性が遊びに来て、その結果として身体を売ることになっていて、順番が逆になった。

自分たちの営業のやり方もよくなかったと反省していましたね。

まあ、稲田は思想信条もなくて、腐った自民党の典型だという話です。

美容整形とホストクラブの共通項

高須　いまの話を聞いて思ったのですが、ホストクラブの構造って、美容整形とまったく同じだって。

僕が開業した時、一番多かったお客さんはソープランドの女の子たち。みんなお金を持っていて、身銭を切って整形をして、立派なおっぱいだったり、顔をきれいにして、売り上げをどんどん伸ばすんです。つまり、非常に「生産的」だったんです。

井川　自己投資ですよね。

高須　そうなんです。それとは別に、お客さんの中には、お金持ちの奥様やおじさまもいて、僕はどちらかと言えば、お金持ちのおばさまが大好きでした。でも、段々とそういうお金持ちが目立たなくなってきて。いまは、何となく整形したい、おっぱいを大きくしたいという、どこにでもいるような「普通の人」が増えてきた。

当時は、水商売の女性からこんな話をよく聞きましたよ。

「私たちは、みなさんからお金をいただいて暮らしていて、食物連鎖で言えば、かなり上の方なんです。それで、稼いだお金でホストクラブで遊ぶの」

それで僕が、

「うちにもホストが整形しに来るよ。ということは、食物連鎖の頂点に立つのは僕ってことだね」

って。

井川　「売掛金」問題は、新宿区（東京都）と歌舞伎町のホストクラブの代表者らが会合を開いて、2024年4月までに廃止する方針を決めていますよね。ただ、私はそれで解決とは思っていなくて、いくつか問題があると思います。

1つは、お客さんである女性側が売掛けを残したいということ。

つまり、ホストと女性にとって、売掛けが2人の間の「絆」になって繋がっていて、「私が飛ばないように、あなたは私のケアをしなくちゃいけない」という思考が働いているんです。

もう1つは、「20歳未満は出入り禁止」という話も明らかにしています。

理屈からすると、18歳以上は成人ですから、おかしな話ですよね。現状、これまでお金を使っていた18歳のお客さまが、これから20歳になるまで出禁になると、不満が噴出しても不思議ではありません。

――これまでもホストクラブは規制されている。「接待」をともなう飲食店営業のため、風営法（風俗営業等の規制及び業務の適正化等に関する法律）に該当するため、深夜12～午前6時までの間は営業を禁止した。

規制の裏側で「規制逃れ」が行われるのは、夜の街の経営術。この規制の結果、「2部営業」を行うなどスタイルを変えてきた。2部側の店が過激な営業を繰り広げていることは言うまでもない。

規制を守る店が弱体化したことで、進出してきたのが韓国人ホストクラブだ。2000年代の「冬のソナタ」に始まる韓流ブームに乗って、中高年の女性がハマる。日本人ホストは「売掛金」で女性をハメるが、一部の韓国人ホストクラブは「薬物」をツールに女性をハメていた。

結果、歌舞伎町で主婦を中心にした高齢女性の、薬物中毒者が増えてしまうことになった。

2024年現在は、その「後」で、日本人ホストが若年層の少女をハメて、夜の世界に沈没させ社会問題化している。

社会の問題ではなく教育の問題

井川　私の聞いた話では、20歳前後の女の子が、チョコレートの「アルフォート」を持って来店するそうです。アルフォートの箱って、ちょうど100万円入るので、それを2箱持ってきて一晩で使い切ってしまう。

歌舞伎町の大久保公園の近辺で、いわゆる「立ちんぼ」と呼ばれる女性が身体を売っていることが、2023年に話題になりました。その中には、「ホストクラブに行くため」という理由で立ちんぼをしている女性も複数いましたが、それだけで200万円は稼げない。だから、パパ活で稼いでいるのではないでしょうか。

高須　「頂き女子りりちゃん」のニュースを聞いて、何であんな子が稼げるんだろうと思いましたよ。僕はもう、まったく冷めちゃっているけど、ああいうのにだまされるおじさんは、たくさんいるんですよね。

「頂き女子りりちゃん」とは、2023年8月に、愛知県警に逮捕された自称風俗店従業員・渡辺真衣氏がSNSで活動する際に自ら名乗っていた名前である。

渡辺氏は「おじさん」を「オジ」と略していたが、「頂き女子」とは「オジからお金を頂く女子」という渡辺氏が作った造語だ。逮捕容疑はSNS上で情報商材「パパ活マニュアル」を販売して、現金を騙し取る詐欺幇助。

その後、本人も男性から金銭を騙し取ったとして同年10月までに3回逮捕されている。渡辺氏だけでも被害総額は2億円にのぼるという。頂いたカネの多くはホスト遊びに使われた。

井川 マニュアルの購入者の中には、1回も会わずに恋愛感情を利用してお金を出させて、稼いでいた子も少なくなかったようですね。

高須 僕の仲間には独居老人も多いんだけど、「最近、幸せでさ」って言うから聞いてみると、「若い女の子が一緒に住んでくれるんだよ」と、嬉しそうなんです。

「中国人だろ?」って聞いたら、「何で分かるんだ」って。だから、「お前、そのうち殺されるぞ」って(笑)。そういう老人も、たくさんいますよ。

井川　未成年少女のホストクラブ問題に対して「規制」という対応が行われています。しかし、問題の根底は未成年者に対する教育の問題で、そこを改善しない限り、抜本的な解決にはならないのではないでしょうか。

高須　その通りで。そういうのはもう、社会性の問題というより、最初の教育からダメだったんでしょうね。

もともと貞操観とか、倫理観とか教育勅語が教えていて、当時の女性用の教科書を読むと書いてあります。

「夫に貞節を尽くして、国のために働きませう」って。

ああいった教育を最初にやると、「これはいけないこと」という自制が効くようになります。教育が行き届かずに変な人間も出ますが、パパ活女子なんてものは、ものすごく減ると思います。

だから、ヒンズーだったら不倫をしたら首を切っていいとか、むかしの刑罰を復活すべきですよね。

井川　「家族」を規定した法律など日本では生物学上の男性・女性がいることを前提に社会が規定されています。「ＬＧＢＴ理解増進法」は、その根幹を揺るがす「一穴」になることが懸念されています。さらには男系が規定されている皇室典範の問題に抵触しかねない。

だから安倍さんは性的マイノリティの人権侵害を問題としながらも、法制化には反対の姿勢を崩さなかったのです。

高須　すごく間違った法律ですよ。実は、片山さつきさんが国会議員を集めて、講義してくれと言ってきたことがありました。そういう歴史について、僕が詳しいですから。

井川　どんなことをお話しになられたんですか？

高須　ＬＧＢＴと呼ぶようになりましたが、むかしからそういう方はいますし、ちゃんと日本国民の間で共生していました。男性器をちょん切って女性になりたいと相談してくる方も、むかしからたくさんいます。

性転換手術の実情

高須　日本でも、患者の幸せのためということで、男性の性転換手術をした医者がいましたが、捕まってしまいました。確か、傷害罪プラス、1996年まで存在した優生保護法だったと記憶しています。

それ以来、ほかの医者がみんなビビッてしまい、性転換手術をやらなくなった。そんな中、僕はニューハーフやゲイの整形をたくさんやりましたよ。テレビでも、こんなにきれいになりました、と紹介したら、たくさん僕のもとに相談に来るようになったんです。

井川　性転換手術は難易度が高いのでしょうか？

高須　男性器を切るのは、意外と簡単。睾丸を抜いて、ペニスも中身を抜いて、おへソみたいにひっ込める。そうすると、女性器のような造形に近づけることができるんです。

昭和の芸能界から活躍していたニューハーフタレントの方は、モロッコで手術したという話も聞きますが、全然違います。

井川 性転換＝モロッコのような謎の方程式がありましたよね。

高須 あのころは、性転換ならモロッコと言えばいいという感じでしたけど、何となくミステリアスな国名なので便利に使っていたんです。ヤクザでもいましたよ、映画「モロッコ」（1930年）が好きで呼び名にもなった「モロッコの辰」（出口辰夫）ってね。

モロッコを舞台にした恋愛映画「カサブランカ」（1942年）にボガートが出てきて有名になっただけで、モロッコは医療の先進国でも何でもありません。

本当にヤブ医者が多かったんです。

井川 では実際はどこで行われていたのですか？

高須 日本の国内でやると捕まっちゃうんだけど、シンガポールとタイは公然とできたから、そこに知り合いの医者を送り込むんです。それで、患者を紹介するから手術費の半分はこっちに寄越せよ、と。

日本で手術するより儲かっちゃうし、何の罪にもなりません。

先にも触れていますが、脱税で厚生省に医業停止1年間の行政処分を受けた時は、日本国内で医者をやってはいけなかった。それで、日本国内とはどこからどこまでの範囲なのか、厚生省に聞きに行ったんです。そしたら、

「北方四島から尖閣まで、この範囲内で医療行為を行った場合は罰せられます。ただ、大使館の中、領海から出た船上、国外については関知しません」

国外については、そこの国の政府と話がついていれば、やりたい放題。だから、僕はそこら中で手術しました。

1999年にポルトガルから中国に返還される前のマカオでは、日本人は腕がいいと評判だったので、それを利用して日本のニセ医者が渡航して性転換の手術することもあった。

井川さんはLGBT法案の最大の問題点はどこだとお考えですか？

井川　男性器が付いていたら、生物学的に男性ということ。そこから先は、「性的指向」の問題。

個人的な指向を法律化するのは、おかしな話ですよ。

「理念法」こそ慎重にあるべき

井川　それともう1つ。あれは法律的な規制のない「理念法」だと言っていますが、理念法だからこそ、もっと議論をして慎重にならなければいけない。そもそもの原則として理念というのは、人に押し付けるものではありません。

理念法とは、何かに対して基本理念を定め、具体的な規制や罰則については特に規定していない法律である。基本法とも呼ばれ、日本国内においては、国の制度・政策に関する理念、基本方針が示されているとともに、その方針に沿った措置を講ずべきことを定めている。

たとえば、日本国民の7割くらいが納得している状態だけど、3割くらいの頭の固

い人がいるから、「そういう人たちから性的マイノリティーを保護しましょう」、「頭の固い人たちを啓発しましょう」、というのであれば分かるんです。

理念法なんていうのは、もはや独裁国家と同じなんですよ。大半の人間がいまも納得していないのに、その理念を通して、これでやれというのは筋が通っていません。

私の持論ですが、過半数では足りない。やっぱり7割くらいは納得していないと、法案を可決・成立させるべきではないと思っていますし、批判が出るのも当然です。

高須　「男性器をぶらさげて、女湯に入れるわけがなかろう」と教えてあげればいいんです。「差別するか?」と問われたら、「区別はするよ」って日本国民の大半は言うと思いますよ。

2023年11月には、三重県桑名市の温泉施設に、40代の男が女装をして侵入。三重県警は建造物侵入の疑いで現行犯逮捕する事件が起きた。男は取り調べで、「心は女」と供述。

それまで、LGBT理解増進法を推進した稲田朋美衆院議員は、自身のXに投稿した動画で、「心が女性だと主張する人が女湯に入ってくることはありません」と断言していただけに、SNS上で炎上する騒ぎになった。この事件についてて各メディアからコメントを求められても完黙を続けている。

井川 2003年に成立した「性同一性障害者の性別の取扱いの特例に関する法律」で、男性器を取るなど性別適合手術を受けないと、戸籍上の性別を変えることができませんでした。

ところが2023年10月に最高裁判所は、憲法に違反して無効だと判断します。この判決の内容は複雑なのですが、詳細は割愛します。重要なのは2003年の「性同一性障害――」の成立プロセスで、訴えたのは性同一性障害の方たちでした。「私は女だと思ってるのに、男性器が付いているのがツライから切ってほしい。切ったら女と認めてほしい」

という訴えですね。その逆もあるでしょうけれど、あの法律は、本来はそういう趣旨でできたんですね。

それなのに2023年最高裁は、当時の判例や趣旨とは真逆の形の話にしている。

司法は遅れているくらいでちょうどいい

井川　私が東大法学部で勉強した約40年前、

「日本の裁判官は社会常識から20年遅れている」

と言われていました。日本の最高裁は、世間知らずで頭が固い、と。

本来はダメな部分ではあるのですが、いまの連中は、逆に先取りしようと前のめりになっている。LGBT関連の擁護政策や法案なんて、世界中では逆に反省期に入っているのにもかかわらずですよ。

ということで、実は司法は、ものすごく保守的じゃないといけない。

私が言う「保守」は、思想のことではなくて、歴史とか文化という意味。だから、特に司法なんていうのは遅れているくらいでちょうどいいのです。

さすがに、20年は遅れすぎかもしれないけど、先ほどの理念法の問題と絡み合わせても、社会の流れより10年遅れているくらいがちょうどいい。にもかかわらずLGBT関連の問題では一周遅れて最先端を走るという、意味不明なことに転落してしまっているのです。

2021年10月に第一次岸田内閣が発足した。当初は「聞く力」という言葉ももてはやされ、内閣支持率は50％前後で横ばいしていた。井川氏が岸田政権に見切りを付けた決定的な理由はLGBT法案だったのか。

井川 そうですね。それがなければ、ここまで否定的な評価になっていません。私はいつも言うのですが、「LGBT法案」は日本で最大のマイノリティ集団である「女性」を敵に回したと思っています。

統計を取っているわけではないですが、岸田政権の支持率低下の根本的な要因は女性票が抜けてしまったこと。もちろんメディアも自民党もLGBT理解増進法のせいだ、とは言いたくないし、言えません。

ということで朝日新聞や毎日新聞はトラブルが相次いだマイナンバー制度が支持率低下の原因だと言っていますが、マイナンバーのことなんて気にしているのは立川談四楼とラサール石井くらいでしょう（笑）。

「岸田文雄」とは…

高須　岸田さんは初めから、安倍さんがいない間のワンポイントリリーフのつもりで総理になった方だと、私は捉えていたんです。

いつでも取って変われる「軽いシャッポ」のつもりで置いといた人が、自分の人気を持たせるために、みんなの話を聞くと言い出した。

そうするとどうなるかというと、マジョリティは当たり前のことだから、特に何も

言いませんが、一方でマイノリティは声が大きくて、いっぱい喋って主張する。声が大きい方を拾ってしまうと、変な方向に向かうんです。

岸田さんはしばらくの間は適当に流していて、自分の人気を保っておこうとしていたけど、安倍さんが亡くなられて、そこから急に欲が出てしまったのではないでしょうか。

井川　この流れの中で裏金問題が発生して、派閥解散の流れになっています。表面的には岸田さんが損したように見えますが、よくよく考えるとかなり得していますよね。

自分の損得に無関係なことは「検討」しますが、自分の得になることは即断するのが岸田さん。だから裏があるとしか思えません。

岸田政権は麻生派、茂木派、岸田派の三

派に支えられてどうにか維持している政権です。元々、麻生派は岸田派の源流、宏池会から分派しました。二階派解散の席で二階俊博氏は「どうせ人は集まる」と言いましたが、岸田派との合流による大宏池会を構想していた麻生さんにとって岸田派解散はチャンスではないですか。

そうなれば麻生さんは岸田さんを支えます。安倍派と二階派を他派閥の草刈り場にすることに成功した一方で、自分はちゃっかり存命できますよね。

高須　いまのパーティー券問題だって、特捜が動くじゃないですか。特捜は、法務大臣が全部、何もかも指揮できる。その時の政権の人間がオッケーを出したということです。

田中角栄さんがやられた時も、三木内閣が「日本の政治の名誉にかけて真相を明らかにする必要がある」と、徹底的に追い詰めました。

岸田さんも人の良さそうな顔をしていますけど、欲が出ちゃったんでしょうね。

井川　岸田さんは、サイコパスだと思いますよ。安倍総理が亡くなった日、私は助かってほしいと思いながらずっとテレビを見ていました。そんな中、岸田さんが記者会見をしている顔を見てこう思ったんです。

これは、泣いているように見えて、笑いを、喜びをかみ殺している顔だ。あの時点では、私もいまほど岸田さんを嫌いではなくて、安倍さんに頭を押さえられてツライだろうな、くらいに思っていたんですがね。

安倍政権も憲法改正のために左側に政策を伸ばしていました。男女機会均等法とか、韓国との合意とかですが、考えながら伸ばしていましたよね。ところが岸田さんは何も考えずに伸ばしているから、バランスが取れなくなっています。

高須　そう思いますね。岸田さんは短期で終わって、また安倍さんに返そうという計画だったところ、信長公が亡くなって喜んだ秀吉みたいな状況になっちゃった。でも、この状態で岸田さんが持続できるとは考えられない。

井川　このまま超低空飛行というか、支持率が地べたを転がりながら総裁任期までいくんでしょうね。選挙で負けるか、総裁任期までずるずるしがみ付くのか。

選挙は野垂れ死にで、次は自民党が過半数を割るのは間違いないと、私は見ています。

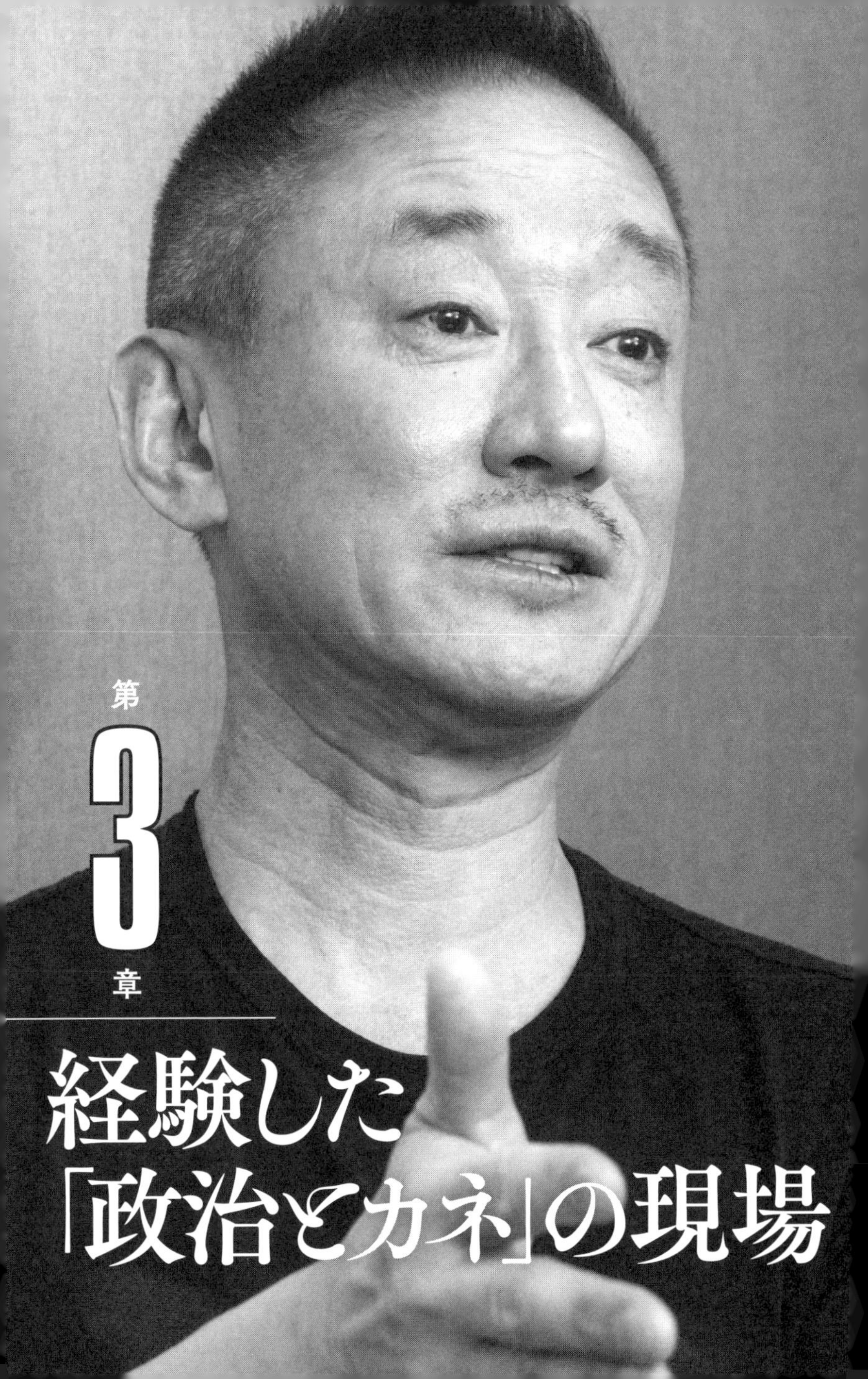

第3章 経験した「政治とカネ」の現場

政治にカネがかかる裏事情

井川　麻生太郎さんの政治家としての評価はともかく、いまの状況は麻生政権末期の自民党にそっくりです。

私は、あのころはまだ会社にいました。東京本社と、愛媛に四国本社があって、安倍さんと付き合うというのとは別の意味で、地元の政治家、国会議員、首長、県知事と付き合いがあったんです。

そうすると、よく分かる。自民党って、本当に「金」しかない政党なんだなって。利権とか、がっちり固まっていてうんざりしていました。

こちらは自由競争の中で働いていますから……内心、自民党なんか早くなくなってしまえと思っていました。

高須　政治はかけようと思えばいくらでもお金がかかります。人件費も大きいし、お金持ちだった時の高須家では、票をまとめるために、買収をするのが仕事だって言われていました。

大地主だったものですから、小作をいっぱい持っているんです。絶対にこの代議士を応援するとなると、立憲政友会とか立憲民政党といったところを応援するためにお金をいっぱい積み上げておいて、小作たちが来たら名前を書け、と指示をしておく。そして、「必ず投票するように」と言ってお金を渡しておけば、それでもう当選（笑）。

政治家も、直接やっていて、もともとは買収してよかったんです。だんだん選挙制度が変わってきて、自分で票を集めるのに「頼むぜ」って買収工作ができなくなってしまった。

でも、現実にはおそらく、組織票を手に入れるためにもいろんなことをやるから、お金がかかるのだと思います。

井川　自民党のパーティー券問題だって、還流された分を何に使っているかって、河井克行元法務大臣の時と一緒ですよ。

2019年7月、第25回参議院選挙で、広島選挙区で立候補していた自民党

の河井案里氏を当選させるために、夫で自民党の衆議院議員の克行氏が地方議員ら100人に選挙運動報酬として現金を配り、買収工作を行った。同年9月に克行氏は安倍政権下で法務大臣に就任。しかし、同年翌10月に公職選挙法違反が報じられ、辞任している。

井川　むかし、四国新聞と西日本放送のオーナーで、自民党の平井卓也衆院議員のお父さんである平井卓志先生という方がいらっしゃいました。

平井先生は参議院議員を長く務めて、引退しなければ議長になっていたような人だったんですが、うちのオヤジは、紙を買ってもらっていた関係で、取引先でもあったので時々会っていて、私も横で話を聞く機会がありました。

父　先生、参議院は衆議院と違って、衆議院議員の選挙の上に乗っかる、後援組織の上に乗っかっている、とよく言われるじゃないですか。

平井　それもあるけど、衆議院の連中は、わしのために真剣にやってくれんしな。だから、県会議員、市会議員なんだわ。だから、選挙の度に金を渡さないかん。

父　先生、それを渡して、意味があるんですか？

平井　深井戸に小銭を投げるようなもんや。耳をすませても、下に落ちたポチャンという音も聞こえんわ。渡した金がどこにいったか分からんけど、渡さないと通らんのや。

政治にお金がかかるというのは、そこなんですよ。都会と違って、地方議員には特に、お金を渡さないと当選は難しい。

なぜなら、地方の方が人口の比率でいったら倍の投票権を持っている。いわゆる、「一票の格差」というヤツで、特に自民党の議員はそうなんです。

取引先に名簿を要求する公明党

高須　井川さん自身も、そういった場面に直面したことがあるんですか？

井川　聖教新聞に紙を買ってもらっていた関係で公明党と繋がりがあり、選挙の度に大変でした。いつも紙を買ってもらっているので仕方がないですよね。

選挙になると名簿を出すんですが、公明党の組織はしっかりしています。名簿を適当に出したりすると大変。名簿には社員と奥さんの名前くらいを記すのですが、こちらで勝手に書いて提出したりすると、必ずそこに電話をしている。

それで、向こうの資材担当部長から「ちょっとよろしいですか、井川さん」とお声がかかるんです。

担当者　先日いただいた名簿、大丈夫ですか？

井川　何がですか？

担当者　何軒か、お電話をさせていただいたんですが、『はぁ、何の話ですか』と言われてしまったんです。名簿の見直しをお願いできますか。

それ以来、大王製紙では名簿を提出する前に、社員に言うんです。

「本当に、公明党に入れなくてもいい。その代わり、電話がかかってきたら『はい、聞いています、頑張ってください』と答えてくれよ、頼んだぞ」と。

高須 井川さんのお話のシステムだと、すごく分かりやすいですよね。

リコールでの買収は合法

高須 でも逆に、落とそうとする時が大変なんです。愛知県の知事が気に入らないから、辞めさせてやろうということで、リコールしようと考えていたんです。

高須氏の言う「リコール」とは「あいちトリエンナーレ2019」の企画展「表現の不自由展・その後」にまつわる事件である。

この企画展では元慰安婦を象徴する少女像などに加え、昭和天皇の肖像を燃やすような動画が展示された。およそ「芸術」とはほど遠い、特定の政治性を帯びた侮辱や冒瀆、ヘイトに満ちた醜悪な内容だ。ところがこの偏った政治宣伝展を、「あいちトリエンナーレ」実行委員会会長の大村秀章愛知県知事は擁護する。

この対応を問題視していたのが名古屋市長の河村たかし氏だ。河村氏は2020年5月「あいちトリエンナーレ」の名古屋市負担金のうち、未払い分だった約3300万円を支払わない方針を発表。ところが翌日、大村氏が会長を務める芸術祭実行委員会が支払いを求めて名古屋市を提訴した。

そこで同年6月1日、河村氏はX上で高須氏に、

「大村知事が芸術祭の負担金の不払いで名古屋市を提訴した。信じられん。高須さん、リコール運動しないのかね」

と訴えかけ、高須氏が承諾。河村氏はリコール団体事務局長に、田中孝博氏を推挙する。

こうして高須氏はリコール団体「お辞め下さい大村秀章愛知県知事　愛知100万人リコールの会」を設立したのである。設立発表の会見には百田尚樹氏、

有本香氏、竹田恒泰氏らが賛同を表明した。

ところがリコール運動が失敗に終わった翌年の2021年、この運動が刑事事件化する。愛知県選挙管理委員会が提出された署名の実に83・2％にあたる約36万人分が「有効と認められない」とする調査結果を発表。署名偽造のために佐賀市で大量のアルバイトが動員されたことまで明るみに出た。

高須 リコールは、買収していいんです。僕は初めから逮捕された事務局長に言っていたんです。

「面倒くさいことしないで、買収しちゃえばいいじゃない」と。

1人1000円かかったとして、いくら。1人100円ならいくらと計算までしていた。コメダの珈琲券ならどうだ、クオカードならどうだ、みたいな話もしていましたから。

「100円でも書くって人、たくさんいるよ、やろう」と言ったら、「それは、いくら何でも……」と、尻込みしていた。

それで弁護士に聞いたら、「大丈夫です、堂々と買収して大丈夫です」と言われ、むかしの高須家のやり方ができるんだ、と思ったんです（笑）。

熔解すれば大丈夫

高須　結局、正々堂々とやろうということになって、僕は大将を任されていたから、大将は小さい戦術については口をきかないで、戦略的に勝てばいい、と。

河村からも、前回、名古屋市長のリコールの時に成功した経験がある、と言われて、人が回されてきたんです。だから僕は、

「名古屋市でイケるんだったら、県でもやろう、任せる！　とにかく責任は全部僕が取る」

と言ったんです。

そしたら、署名偽造の問題が出てきた。でも、自分には検察も刑事も何も言ってこ

ない。質問1つしてこなくて、不起訴になったんです。起訴されたら戦いたかったんですよ、面白いじゃないですか。何も失う物もないし。

井川　喧嘩上等だ（笑）。

高須　向こうは、面倒くさいと思ったんでしょうね。でも、まだ判決が出ていなくて、戦っている最中なんです。

ただ、あれは成立させたら大変なことになるなって、僕も気がつきました。途中でヤバいとなって「撤退」と言って、途中で止めたんです。止めたんだけど、途中までの署名簿が出ていた。それを「偽物だ」と言われたのですが、偽だろうと何だろうと、関係ないじゃないですか、そもそもやっていないんだから。

新聞記者に「署名簿が返ってきたらどうしますか？」と、繰り返し質問されましたね。署名した人たちの名簿が閲覧されて、名前が分かると会社にいられなくなる、とか。愛知県庁に勤めていて、知事に知られたら何をされるか分からない、とか、そんな批判の声も届きました。

それで、「名簿が返ってきたらどうしよう」と河村さんに聞いたんです。そしたら、

「俺のとこは、古紙の熔解業者だから。ポンと入れればサーっと熔けちゃうよ」と、言っていたんです。

井川　ああ、そうだ、あの人は古紙屋の人でしたね。

高須　あ、それでいこうということで、新聞記者に「熔解します！」って（笑）。

井川　（笑）。

高須　「何で熔解なんて知っているんだ」と質問されたんですが、僕は紙を熔解するなんて知識は持っていません。河村市長から聞いたとは言っていませんが……。

「百田尚樹」評

市議会から責任を追及された河村氏は、自分がリコール運動の中心人物ではなかったと一瞬にして逃亡。高須氏は、

「リコールをしようと言い出したのは河村さんなのに、私が言い出したとうそをついたことは許せない。いざという時に逃げる人」

と激怒し、河村氏と絶交を宣言したのである。

2021年5月、愛知県警は署名を偽造した地方自治法違反容疑で田中孝博氏と妻など男女4人を逮捕。署名集めを始めたものの、期限内にリコールに必要な署名数に遠く及ばない状況を危惧した田中氏が事件を企てたことが裁判で明らかになっている。

2022年5月名古屋地裁は、芸術祭実行委員会の請求を認め、名古屋市に未払い分の負担金全額の支払いを命じる。市は上告したものの同年12月の高裁は一審を支持。未払い分を支払う方向で調整していることを河村氏が明らかにした。

高須　2023年10月に、河村市長が日本保守党の共同代表に就任したから、ちょっと待てよ、また同じ手口で火の粉がかかりそうになったら、「知らない」と言うんじゃないかと思って……。

「LGBT理解推進法を成立させたら新党を作る」と公言していた作家の百田尚樹氏が、2023年10月に立ち上げたのが「日本保守党」である。百田氏が代表、ジャーナリストの有本香氏が事務総長という陣容が予想されていたのだが、結党式当日、突如、壇上で河村氏が共同代表になることが発表された。

高須　自民党と民主党の合同みたいなのは、あっという間に中が腐っていく。だから僕は「河村は嫌だ。河村と関係があるやつは全部、絶交」と言ったんです。

そしたら百田さんが「僕も絶交されちゃうんですか」って（笑）。だから「いやいや、友情は変わりません」と言ったし、百田さんはがんになったので、親友になりましたよ。

井川　高須先生は百田さんとどんな経緯で関係を深めていったのですか？

高須　僕が、新潮45に連載を書いていたころに百田さんと知り合いました。西原理恵子とホテルのバーにいた時に、ハゲの人が寄ってきたんです。

僕は僧侶の方かなと思って、「どなたでしたっけ？」と聞いたら、「百田と申します」と自己紹介された。実は、それまで百田さんのことを知らなかったんです。小説の「永遠の0」（太田出版）は知っていましたが、自己紹介されてもピンとこなくて。

その後にいろいろと話をしたら心が通じるようになって、百田さんも僕たちがいるところに、よく訪ねてきました。

「任せてちょー」と言って全速力で逃亡

井川　日本保守党の結党の集いの時、2週間くらい前にジャーナリストで日本保守党の事務総長の有本香さんと集合時間や場所のやりとりをする中で、「当日はサプライズがありますから」と言われ、何だろうと思いながら行ったんです。

あれを見て本当に驚きました。私も河村市長についてはいかがなものかと思っていましたので、まさにサプライズでしたね。

河村市長には何よりも、もう少し品よく振る舞っていただきたい。前歴を見ても、もともと民主党出身ですから。

一橋大学を卒業後、家業の古紙回収業・卸売業の河村商事株式会社に入社した河村氏は、夜学に通いながら検事を目指す。当時の司法試験は難関中の難関だったが9回の失敗の後、河村商事に勤めながら政治家を目指すようになった。

1983年に愛知県議会議員選挙に立候補するも落選。1985年には名古屋市長選挙に出馬表明したものの、出馬を断念している。

1990年、自民党に入党するも、同年の衆院選に党公認を得られないまま立候補して落選。1992年には自民党を離党し、1993年に細川護熙氏が率いた日本新党の公認を得て衆院選に立候補し初当選となった。

1994年に日本新党が新進党に合流すると、そのまま新進党入り。

1996年には新進党の公認で再選を果たす。

1998年に新進党が分裂し自由党に。同年4月に離党し、同年12月には民主党入りした。

小沢一郎氏によって新党が結成されては消えるという時間帯だった。とはいえ、河村氏はリベラル政党を渡り鳥し、たどり着いたのが、あの悪夢の民主党だ。

2000年の衆院選では民主党公認で3選。ご存じのように小泉政権下で日本の政界は自民党と民主党の二大政党化が進んだ。民主党の党勢拡大とともに、河村氏の名前は全国区になっていったのである。

2003年の衆院選で4選、2005年の衆院選で5選を果たす。

この間、河村たかし氏は民主党のトップを取るべく奔走した。

2005年の代表戦、翌06年の代表戦、さらに同年に行われた代表戦のいずれにも名乗りを上げたものの、推薦人20人を確保できず断念。あのハマコーこと浜田幸一氏から、

「代表選に出ると言っておきながら推薦人20人確保できないのはお前だけだ」

とテレビ番組で苦言を呈されるほど、民主党内での人望に薄かった。

井川 もやもやした気持ちは晴れないまま、ここは飲み込むしかないなと思いました

が、自分の心の整理は……。わざと名古屋弁を喋るところとかも品性がない。そういう人間は苦手なんですよ。

高須　本当にあの人の名古屋弁はわざとらしい。

井川　日本保守党の結党の集いでも2人が仰ってましたが、百田さんと有本さんに決定的に欠けているのは、政治の実務。選挙に出たら、これはやっていいとか、ポスター1つにしてもいろいろある。それを間違えると、面倒なことになってしまう。

自民党だと、新人議員には「家庭教師」が付きますからね。それがいまの日本保守党にはない。いても、区会議員だけ。そういう意味では、一応、河村さんは選挙の経験もあるし、ノウハウを吸収したところで、「使い捨て」にするつもりなんだろうな、と勝手に推測しています。

あるいは、使い捨てにしてくれ、というか……（笑）。

私自身の考えでは、減税は絶対にしなければいけないと思っているので、目をつぶるとしたら、名古屋で減税をしているというところですかね。

高須　それでも、やっぱりリコール運動の時とそっくりなので心配ですよ。

「わしはリコールの専門家。成功しとるから、うちの兵隊を行かせる。任せてちょー」

と、言ってきたから全部任せたのに、完璧に逃げ出したのは忘れません。

全裸監督が憤慨

高須　維新の会も好きじゃないけど、個人的に仲良くしていた人が、たまたま共同代表になっていた。別に、大阪府知事で日本維新の会共同代表の吉村洋文さんのことは嫌いじゃないから仲良しなんだけど、維新そのものが好きなわけじゃないんです。

百田さんだって、友達だけど、別に日本保守党そのものが好きなわけではない。保守層そのものが、腐りつつある自民党みたいな感じがしちゃって。なるべくフレッシュなうちに、「虫」は取っといた方がいいんじゃないかと。

井川　「虫」（笑）。

日本保守党の先の課題として、実務として、国政に出てきて憲法改正がテーマになった時に、同じ賛成に投じるわけだから、自民党とどこかで協力しなければいけない。その時に、どうするのかという話を、ある方が百田さんに聞いたら、

「日本保守党は、自民党に対する憎しみ、岸田政権に感じる矛盾や憎悪が生んだ党だから、自民党とは絶対に協力しない」

と、答えた。自民党と対立しながら唯一無二の保守系イデオロギー政党を目指すということだが、この理念と「河村たかし」は正反対ではないか。

井川　有本さんも、自民との徹底対立を明言していますね。

もともと、有本さんが河村氏とパイプを持っていて今回のことになりました。とはいえ、河村さんの年齢のこともあります。２０２４年2月時点で75歳ですから。得るものを得たら、どこかの時点で切り離すのではないでしょうか。代表戦をやったとしても、日本保守党の人間が、河村さんには入れないですよ。

高須　僕は「虫」が取れたら、日本保守党を応援します。

井川　私だって、あのサプライズで一歩引いちゃいましたから（笑）。結党式に出ていた村西とおるさんなんて、怒り狂って席を立とうとしたくらいです。よく戻ってきたなと思って。

Netflixの大ヒットドラマ「全裸監督」のモデルでもお馴染みのAV監督・村西とおる氏も、2023年10月18日のXにこうポストしている。

〈昨晩の日本保守党結党大会、壇上に突然現れし河村たかしさま、共同代表だという。ア然、ありえない、と脱力す。この男、高須克弥院長を貶めた裏切者。百田尚樹代表は何用あってこんなチンカスと合体せしか、信じられなかった。周囲の党員も賛同し、大きく頷く。「小異を捨てて大同につく」は無理筋だ〉

高須　村西監督も呼ばれているから、ちゃんと顔を立ててスピーチしていますが、腸は煮えくり返っているんですよ。

井川　元内閣参事官で嘉悦大学教授の高橋洋一さんも、真っ先に帰っちゃいましたね。私は日本保守党にはいまのところ期待していますけど、だからと言って百田先生や有本さんが、私の思う通りのことを全部やってくれるわけではありません。

頭のいい人たちが、思うところがあってやったことだろうと、見守っている感じですね。

安倍晋三の人たらし現場

国政政党を目指す日本保守党が「モデル」にするとされているのが「戦後レジームからの脱却」を掲げイデオロギー色が強かった第一次安倍政権だ。

ところが安倍派は前述した自民党パー券問題でガタガタになる。東京地検は同派幹部7人を取り調べたものの、2024年1月19日には全員を不起訴にすることが報じられた。

そのことが逆に政治不信、支持率低下を招いている。

裏金スキームは森喜朗氏が構築したもので、安倍元総理は、それを止めさせるよう指示。ところが凶弾に斃てしまい、続くことになったことが明らかになったが……。

高須　安倍さんというのは面白い方で、Xをしょっちゅうチェックしているんです。西原理恵子とホテルの部屋で飲んでいる写真をアップしたら「高須先生、素敵です」とコメントをくれたりね。

最初は、安倍晋三って書いてあるけど偽アカだろうと思ったのですが、本物でした。一般庶民でも面白そうな人は、こまめにチェックしていました。

井川　安倍さんは相当な人たらしですよ。清和政策研究会は前経済産業大臣の西村康稔氏とか、森さんとか、偉そうな態度を取る人ばかりだったので、その中では珍しい方でした。

森さんはスピーチだけは上手いんですけど、安倍さんは、その場にいる人たちへのサービス精神が非常に強い人。おそらく、必ずオチを付ける話術は、小泉純一郎元総理辺りから学んでいるのかな、と思いますね。

高須　僕たち（高須氏とパートナーの西原理恵子氏）は、面白いことがあると世界中に出かけていくんですが、2014年のソチ・オリンピックに2人で行ったら、前の席が森さんと安倍さんだったんです。上の方の席にはプーチンがいて、ものすごく警備隊が固めていて近くに寄ることができない状態でしたね。

安倍さんと森さんは、大使館員と思われる数人の方を一緒につれてきていましたが、特に警備が厳重なわけでもなく、普通に2人で観戦していた。フィギュアスケートの浅田真央がスッテンコロリンと転んだ時は、安倍さんも森さんも「あちゃ〜」って（笑）。

その直後に、森さんは「あの子は大事な時には必ず転ぶ」と、失言していました。

取り調べを中止にできるのは医者だけ

井川　森さんも自民党のパーティー券問題で疑惑が向けられると、夫婦で老人介護施設に入居していると報じられました。

まぁ、でもその直近まで複数の人と会食していたことが報じられていましたけど(笑)。

高須　施設と言っても、介護付きマンションですよ。病院に入らないと捜査からは逃れられません。介護付きマンションは、病気になった時に来てくれる医者が

いるだけだから、病院で個室に入って面会謝絶にしないとダメなんです。

井川　汚職などの問題を追及された政治家が入院して面会謝絶をするのは、常套手段ですよね。

高須　医者って、そういう時にものすごく力がある。格闘技の試合でもそうですが、いざという時はドクターストップすれば、いつでも止められます。

だから、個室に入れて面会謝絶にすれば、臨床尋問（病気で出頭できない人に対して、病床に行って尋問する）でも、医者が「これ以上は無理です。止めて下さい」と言えるのです。

高須　津田大介氏に訴えられて裁判になったんです。裁判官の言うことにいちいち反論して大弁論していたら、弁護士が「高須先生は具合が悪いみたいですから」って止めようとするので、「全然、悪くありません！」と言ってまた反論。医者と違って、弁護士にはストップする力がないんです（笑）。

——高須氏のいう裁判とは「あいちトリエンナーレ」をめぐる名誉毀損裁判だ。

慰安婦問題を象徴する「平和の少女像」の展示をめぐって、芸術祭の芸術監督を務めたジャーナリストの津田大介氏が高須氏に名誉を傷付けられたとして、損害賠償を求めて訴訟を起こした。

東京地方裁判所は、高須氏がSNSに投稿した非難文により、精神的苦痛が大きくなったとして、250万円の賠償を命じる判決を下している。

高須 天皇陛下の名誉を毀損したことを非難するツイートをした、その僕が名誉毀損で訴えられた。津田大介氏の名誉なんてたいしたことないじゃないですか。それより天皇陛下の名誉はどうなるんだって話ですよ。

しかも僕の場合は、百田さんのリツイートが大部分なんです。百田さんも訴えられて、裁判で負けてしまった。だから、こっちも負けてしまうのは百歩譲って仕方ないとしても、百田さんの賠償額は50万円なのに、僕は250万円。

反省していないと判断されたのと、経済的評価が、百田さんより僕の方が高かった(笑)。

井川　5倍くらい（笑）。

高須　保釈保証金と一緒で、その人が痛いと思うくらいの金額じゃないといけませんからね。

井川　私の保釈金は、1審が2億5000万円、2審が5000万円の計3億円です。当時で村上世彰さん（5億円）、堀江貴文さん（3億円）に並んでいました。貨幣価値の問題はともかく金丸信さんと同額。横井英樹、田中角栄、リクルートの江副浩正さん、西武の堤義昭さんという、昭和の巨大事件人より上位を維持していました。

ところがカルロス・ゴーン氏が15億円を叩き出して、国外逃亡という偉業を成し遂げてしまって（笑）。

高須　そのくらいでは痛がらないと思うな。だから、カルロス・ゴーン氏も、許永中氏もみんな逃げちゃった。そんな金額の保釈金なんて屁でもないって。

左翼運動は「しのぎの奪い合い」

猫組長氏の著書『黒い経済白書』（ビジネス社）で、一部のLGBT推進団体の運動が苛烈化した背景をこのように解説してる。

〈この話を聞いて、私が思い浮かべたのは一部のLGBT活動家と一部の同和団体との結託の図式だ。かつて特に関西圏では差別があり被差別者は就職に困難しているほどだった。この許しがたい判断基準で社会から押しやられてしまった人たちの一部の受け皿となっていたのがヤクザ社会だ。

しかし実直な同和団体の奮闘と努力によって、現代では以前に比べるとはるかに差別は少なくなっている。出自によって就職できなくなることは、極めて少なくなっているのが現実だ。これは同和団体の活動の成果だが、困ったのは「差別」をネタに強請りや恐喝を生業にしていた一部の悪質な被差別団体だ。

そこで一部の悪質な被差別団体は、一部のLGBT団体に接近した。LGB

Tを「差別」として、強請りや恐喝のノウハウと人員を提供する代わりに、獲得した収益については山分けにしてほしいと申し出た。こうして一部のLGBT団体は過激化したのである〉

また有料メルマガ『猫組長POST』で、猫組長氏は、LGBTと同和団体の結託について、他の左翼団体が批判していると指摘している。

井川　十分にありうる話だと思います。

弱者支援団体は玉石混交で、調べると怪しいところは多い。たとえば2022年12月には、神戸の牧師が覚せい剤取締法違反容疑で逮捕されました。牧師はもともと広域指定暴力団の幹部で破門後、牧師になります。

2011年に、少年・少女の自立支援を目的としたホザナ・ハウスを設立。2018年には、未成年者も含む女性が様々な事情から売春に追い込まれる実態を問う「私たちは『買われた』展」を神戸で主催しました。

2022年11月には関西の経済人が世話人を務める「関西・経営と心の会」の選考

委員会から「関西こころの賞」を受賞します。ところがその約1カ月後、内縁の妻が牧師から「キメセクをされた」という訴えがありました。「キメセク」とは覚醒剤を打たれた状態での性行為のことで、牧師を調べると尿検査で覚せい剤が検出されたという経緯です。

この一件は氷山の一角で弱者救済などを掲げる裏側で、怪しげな人物が公金をチューチュー啜っているという実態は広く周知されるべきなのではないでしょうか。

高須 左翼団体の話は、本当の話だと思いますよ。結局、一部の同和団体が出てくることで自分たち左翼が幅寄せを食らってしまったのではないでしょうか。

井川 しのぎの取り合い。

高須 差別されていることを教えてあげないと、差別になりませんからね。そのものを、みんなに浸透させなければいけない。

何が差別か分からないから、僕はどこかでちゃんと教育すべきだと思います。

「これは差別用語だから、全部覚えてください。使ってはいけませんよ」

と。

井川　私は平気でツイートしますけどね（笑）。言葉狩りは反対ですから、そこは石原慎太郎派です。

故・石原慎太郎氏と言えば「三国人」、「支那」。会見ではこの言葉遣いをめぐって特にリベラル系メディアとバトルを繰り広げた。現在でもYouTube上にはそのやり取りが残っており、「支那」を問題視する記者に、「孫文が作った言葉じゃないか」と一喝している。

「表現の自由」攻撃に対抗するために…

井川　私の最近の持論ですが、左翼界隈がのさばるのは、右の暴力装置であったむかしの右翼が、暴排条例によって活動できなくなったからだと思っています。

高須　バイキンと一緒で、抗生物質に感受性の細菌のみが減少すると、今度は耐性菌のみが増殖するような「菌交代現象」ですね。

井川　そういうことですね。だから、どっちもどっちだけど、要するにバランスが崩れてしまった。すぐに徒党を組んでやってきてギャーギャー騒ぐ。直接の暴力も若干含めてです。

だからと言って、街宣車に戻ってきてほしいとは思わないけれど、理屈として社会現象を分析すると、暴排条例の成立が左の連中をのさばらせた、ということになります。

2023年12月5日、株式会社KADOKAWA学芸ノンフィクション編集部は、2024年1月24日発売予定だった書籍『あの子もトランスジェンダーになった　SNSで伝染する性転換ブームの悲劇』の刊行中止を発表した。

同書は、アメリカのワシントンD.C.に本社を置くRegnery Publishingから2020年に刊行された「Irreversible Damage: The Transgender Craze Seducing Our Daughters」の翻訳本だ。

著者はウォール・ストリート・ジャーナルの記者、アビゲイル・シュライアー氏で、原書は10カ国語に翻訳され、発行部数は12万部。英タイムズ紙や英サンデー・タイムズ紙、英エコノミスト紙の「年間ベストブック」にも選ばれた。

ところが日本では抗議の声が上がり刊行中止となったのである。


高須　会社組織の場合ですと、言論で攻撃されると弱いんですね。個人個人だと、根性があって向かってくるヤツがいる。

小学館に、絶版になった「ダーリンは70歳　高須帝国の逆襲」という僕の本があるのですが、発売前から予約が多く、1万部重版するほどの人気でした。

それなのに、小学館側が「編集の不備があった」として、発売後、1週間で回収。書き直しを求められたのですが、これは僕が「絶版にする！」と言ったから絶版になった。

そもそも、この「絶版」の判断の発端は百田さん。彼は出版業界では面倒くさい人らしいですね。本人に、

「百田さんって面倒な人なんだって？」

と、聞いたら、

「そうなんですよ。出版社側の態度が気に入らなければ、『絶版にする』と言えばいいんだよ」

と、教えてくれました。

それで僕は、作家が自分の意思で自書を絶版にできるということを知らなかったので、絶版というヤツを1度やってみたいと思っていたんです（笑）。

そんな折に、小学館から「高須帝国の逆襲」の中に差別用語が使われているから書き直してくれと言われ、「絶版にします！」という流れでした。

井川 本書も「絶版」になるんですかね（笑）。

高須 結果、絶版にはなったけど、Amazonで1位になったんですよ。トーハン、日販は戻すけど、Amazonは戻さないから。プレミアが付いて1万円くらいになっていました。

狩られていく日本語

井川　いまほどアレが差別、コレが差別と言われなかった時代を知っていますから。それこそ、石原慎太郎さんがどうこう言ったという話もありますよね。

でも、どこまでいっても収まらないんです。かつては小説、マンガなどで「めくら」と表現していたものを「視覚障害者」という言葉に言い換えたら、今度は「害」は適切なんだろうかという話が出てきて「障がい」になった。

結局、日本人の心の中の問題。

心の問題という根拠は差別用語の英語化が典型例だと思えます。たとえば、政権が事実上機能不全に陥っている状況を「レーム・ダック」と表現します。しかし「レーム」は英語で「lame」でかなり足の不自由な人のことを差別的に表現した言葉なんです。

でも直訳なんかしないいじゃないですか。結局、日本人の根底には差別意識があって、どんな言葉に言い換えたって、そのうち差別用語として非難されてしまう。だから、言葉狩りは無意味だと言っているんです。「視覚障がい者」もいずれは、「ブラインド」とカタカナで書いたりし始めますよ。

高須　「ホームレス」もそうですね。

井川　英語にしてしまえば、それ以上に変えようがない。

高須　日本語で言わなければ、差別用語にはならないんです。ゴルフをしている時に「ナイス・ショット」と言ったら、「売春婦かよ」って。また、「この人の仕事は?」、「ビジネス・ガールだ」ってね(笑)。

中国共産党の認知戦疑惑

高須　ハラスメントって、被害者が不快だと思ったらハラスメントになってしまうんですね。だけど、その人のことが好きだったら、「もっと、ぶって」となる。

井川　(笑)。

高須　本人の心の問題で、「私は女です」と言って男性器が付いているのに女湯に入って行く人も、それは出てきますよ。

もしかしたら、中共とか、そういうところが「日本弱体化計画」の一環としてやっているんじゃないかと、僕は思っています。

井川　認知戦としている可能性は、十分にありえますよね。

高須　戦えない国民にしてしまえ、って。

現代の戦争は武器による物理的攻撃に留まらない。サイバー攻撃によって通信インフラを麻痺させ、「デマ」などの情報をばら撒き人間の認知領域を攻撃する「複合戦術」が世界の戦争のトレンドになっている。

その最初の例が2014年にロシアが行ったクリミア侵攻だ。この時は

①　サイバー攻撃で通信インフラを麻痺

②　行政に仕込んだ親ロシア派系などを中心にSNSでデマを拡散

③　人々が動揺している間にロシア軍の装備に身を固めた謎の民兵組織が実効

支配

④　住民投票が行われクリミアの独立とロシアへの併合が電撃的に決まった

この情報インフラとヒトの認知領域への同時攻撃を行ったことで、ロシアはほぼ無血でクリミア半島を手に入れることに成功した。

「表現の自由」の問題から認知戦に対する防衛は民主主義国家では難しいとされている。中国の習近平国家主席は本気で台湾の実効支配と併合を目指している現実から考えれば、日本に対して認知戦が行われている可能性はゼロとは言い切れない。

井川　自民党が、どんどん中共に蝕まれているって話なんです。

親中派に浸食された自民党

井川　2023年4月に千葉5区の衆院補選では、河野太郎氏の強い支援を受けている自民党の英利アルフィヤ議員が当選しました。英利氏は１９８８年10月16日に、福岡県北九州市戸畑区にて、新疆ウイグル自治区出身のウイグル人の父とウズベク人の母の子として生まれました。一家は１９９９年に帰化しましたが、直後に中国に移住しています。

２０２１年1月19日には、当時のアメリカ国務長官、マイク・ポンペオ氏は中国によるウイグルへの弾圧を「ジェノサイド」と呼び非難しました。ウイグルにも親中派、反中派がいますから、気になっていたので詳しい人に聞いたんです。

「ウイグルにルーツを持っているけど、反中共のウイグルなのか、それとも手先なの？」

「井川さん、彼女の父親はニトリの元役員です」

確かに、父親は２０１８年からニトリホールディングスの執行役員に就任しています。

その「ニトリ」は自社製品の多くを中国国内で生産しています。当然のことながら北京政府とも近い。

ということは、英利氏は中国なんだということになります。だからリベラル的な言動をしているじゃないですか。

そこまで自民党は蝕まれているのです。

こうなった根底には、日本がスパイ防止法を作れていないことが大きい。後は、国家機密を扱う職員を調査する、セキュリティ・クリアランスもそうですよ。そういう意味で言うと、そもそも自民党自体が、中国のスパイ組織のようなものとしか見えないのです。

セキュリティ・クリアランス（適格性評価）とは公的機関や関連する民間企業が職員を採用する際に、機密情報を扱うにあたっての適格性を審査する制度である。国の最先端技術などの重要情報にアクセスできる職員を厳選。結果、機微技術などの機密情報の漏洩・流出を防ぐ効果が期待できる。セキュリティ・クリアランスはアメリカなどで法制化されており、多くの先進国で導入されている。

2022年5月、日本政府は経済安保推進法を成立させたが、本来、この法律に「セキュリティ・クリアランス」が盛り込まれる予定だった。見送った理由は「人権」に対する配慮とされている。

井川　日本、イギリス、イタリアで戦闘機の共同開発を行うことが決定しています。国防の分野ではすでに「セキュリティ・クリアランス」に近い守秘制度が高いレベルで実施されています。

しかし半導体などの最先端技術の共同開発には絶対必要な制度で、岸田政権が見送ることと自体が国益に損害を与えているのです。

高須　そういえば「パトリオット」で知られる迎撃ミサイルPAC3は、日本で作っ

てアメリカに逆輸出するんですってね。

井川　2022年のウクライナ侵攻でアメリカやイギリス、EUの国々は積極的に武器をウクライナに提供しています。あの大国のアメリカでも継戦能力が低くなっているということで、同志国間の防衛装備品のサプライチェーンが見直されていることが原因です。

その典型例の1つが戦闘機F－15のエンジンのインドネシアへの輸出ですね。

インドネシア空軍のF－15のエンジンはアメリカで生産中止になっています。ところが日本ではインドネシアに流用できる、使用可能な中古のエンジン200機が余っている。

現在、日本ではF－15からF－35に機体を転換しているので、このままではエンジ

ンがすべてゴミになってしいます。そこでインドネシアに輸出しようとしているのですが、防衛装備品移転3原則に抵触するということで議論が空転しています。

反対しているのはもちろん公明党ですが。

高須　もう公明党との連立解消を真剣に考えなければいけない状況になっているのですね。

「愛国」という理念

「国防」に対する考え方が劇的に変化した表れの1つが総理の「自衛隊」に対する認識だ。

1957年、防衛大学の記念すべき1期生の卒業アルバム制作費の肩代わりを申し出たのが、かの吉田茂氏。吉田氏は、卒業式前の2月、大磯の邸宅に防大1期生を呼び寄せた際、自宅応接室でこう話したという。

「自衛隊が国民から歓迎されチヤホヤされる事態とは、外国から攻撃されて国家存亡の時とか、災害派遣の時とか、国民が困窮し国家が混乱に直面している時だけなのだ。言葉を換えれば、君たちが日陰者である時の方が、国民や日本は幸せなのだ。どうか、耐えてもらいたい。自衛隊の将来は君たちの双肩にかかっている。しっかり頼むよ」

対して2016年10月23日、安倍元総理は「平成28年度自衛隊記念日観閲式総理訓示」でこう語り掛けている。

「3年ぶりに、再びこの朝霧の地で観閲式に臨み、士気旺盛なる諸君の姿を前に最高指揮官として大いに心強く、改めて身の引き締まる思いであります。

熊本地震、相次ぐ大雨。自然災害の現場には、必ず諸君たちの姿がありました。それはまさに『希望の光』であったと思います。

今、国民から揺るぎない信頼を勝ち得た諸君たちを、私は本当に誇りに思います」

また、安倍元総理の没後に刊行された『安倍晋三 回顧録』(中央公論新社)では、安倍元総理が「総理」の条件をこう明言している。

〈首相にふさわしいか、ふさわしくないかを考える時、私は、国を守る最後の砦である自衛隊の最高司令官が務まるかどうか、が重要だと思うのです〉

約60年で「日陰者」からの認識の転換は驚くべきものだ。

高須　そうです、そうです。

自衛隊の地位が向上しました。もともとは警察予備隊。アメリカ軍が抜けた後の治安を維持するための治安部隊でしたから、満洲国軍みたいなもの、もっと地位が低いんです。

それが、だんだん上がってくると、満洲国が独立したから、満洲国軍が日本と戦えるくらいの力を持とうとしている、みたいなことなんです。

年寄りだけで話している時は、もっと面白いですよ。差別用語だらけで、ゴルフ仲間の中では、僕が一番若いので、気を遣って話しています。

井川　ビートきよしさん（2024年2月時点で74歳）や、村西とおる監督（同75歳）のように、ある年代より上の人たちにが、Xなどで愛国的ポストを積極的に行っています。いずれも若い時は反骨精神が旺盛なタイプで国の制度に従順に従うような人ではなかった印象です。そうした人たちが高須氏を中心にまとまるのには何か理由があるのでしょうか。

高須　みんな愛国者ですから。若い人たちがヘンテコになっていると、これではイカンと思うだけで、実際のところはそんなに変わっていません。

昔は、いちいち公言しなくても、「愛国者は愛国者」でしたから。

僕が最初に「愛国」という言葉に目覚めたのは、赤尾敏率いる日本愛国党を脱党した山口二矢が、日本社会党の党首・浅沼稲次郎氏が演説している最中に、刃物で刺した事件がきっかけです。

逮捕された山口は、東京少年鑑別所内で縊死しているのですが、その時彼は17歳で、僕は16歳でした。年齢が近かったことも気になって、赤尾敏さんに会って話をしたら、すごく面白かったんです。

大学に入ってからも、赤尾さんの居そうな場所を追いかけて、渋谷とか有楽町に行くと、向こうもよく覚えていてくれて、僕は「少ないですけど」ってカンパもしました。

あのころから、愛国党は有名でしたよ。時代とともに、みんな知らなくなりましたが、「愛国」という言葉は、珍しい単語ではありませんでしたね。

移民政策と経団連

井川　私の「愛国観」は、日本国に対する評価そのものです。確かに長く政権の与党を担った自民党は膿んでいる。また、日本人の嫌いな部分も時々はある。しかしそうしたことを含めても、トータルで見たらこんなにいい国はないです。外国に住もうとは思わないし、港区がない場所に住みたくない（笑）。最近では移民の問題とかが起こっていますよね。2023年7月には、埼玉県川口市で少数民族のクルド人難民を自称するトルコ人が、「川口市立医療センター」の周辺に殺到して、機動隊まで出動する騒ぎも起きている。

その騒乱のきっかけとなったのはクルド人難民を自称するトルコ人同士の暴力事件です。殺人未遂などの疑いで7人のクルド人難民を自称するトルコ人が逮捕されましたが、全員が不起訴処分という驚くべき結末でしたので、この先はどうなるか分かりません。

川口は怖すぎて、女性はもちろん、男性も夜は1人で歩けないと聞きました。私は、美しい日本を保つために、とにかく「外国人を追い出せ派」です。

とはいえ外国人労働者の受け入れ政策を推進したのは、他ならぬ安倍政権だ。2018年に安倍政権は、入管難民法案改正案に関して積極的に進めた。外国人労働者の受け入れを拡大し、深刻な人手不足を解消するためだと説明とする一方、当時、安倍総理は「移民政策を取るとは考えていない」と強調。しかし、野党議員や一部の与党議員からも、「移民政策との違いが分からない」と、反発の声が上がって議論は紛糾した。

井川 安倍さんの肩を持って話をすると、安倍さんは、自分のやりたいことのために、トータルで考えて、目をつぶることがあります。「『安倍晋三回顧録』公式副読本」

（中央公論新社）の中では安倍さんの中心的なブレーンである初代国家安全保障局長・谷内正太郎氏による「覚書」が紹介されています。

第二次安倍政権発足時に谷内氏は「憲法改正」を大目標にするならば、左側にウイングを広げなければならないと安倍さんに提言したメモです。こうしたこともあって、安倍さんは「左」の意見にも耳を傾けましたし、政策を左に広げました。そうした左的政策の中で、嫌なことはそんなにないのですが、移民政策がここまでいくとは思っていませんでした。

安倍さんは自分のやりたいことのために、たとえば財務省の頭を撫でないといけないから、2回くらい延期したけど、消費税増税もしています。

それと同じで、移民政策の問題に関しては、おそらく経団連。人手不足の中で、経団連が安い労働力を入れたいということでとった移民政策が、ここまでの事態になるとは、想定していなかったのでしょう。

高須　経済的なバックアップをしてくれているでしょ。

経団連のいうことを聞くのは、「献金」ですよ。

井川　経団連は、献金を再開しましたからね。

政治家が「国家観」を喪失した背景

井川　「外国人追い出せ派」を標榜していますが、私は純血主義者ではないんです、ハーフの女性も好きですし（笑）。

そもそも1万年前くらいに、ツングース系、半島系、南方系が来て、でき上がったのが日本人ですよね。ですから、純血である必要はないと思っています。

日本が守ってきた伝統、文化を尊重して、そのルールに従いましょうという考え方の外国人だったら、特に問題ありません。

高須　ちなみに井川さんは、2016年に亡くなった元法務大臣の鳩山邦夫さんとは面識なかったんですか？

井川　なかったですね。お兄さんの鳩山由紀夫さんとは面識あります。

高須　僕は邦夫さんと仲良しで、奥さんのエミリーさんとも仲良しなんです。長男の太郎君はフリーメーソンで、僕の後輩ですから。

井川　そうなんですね（笑）。

高須　邦夫さんと初めて会った時に、

「高須さん、あんたは悪い人だそうだね」

と、藪から棒に言ってきたから、

「何で知っているんですか」

と、返しました。そしたら、

「いま、自分の補佐官をやっているのが国税担当出身で、きみのことを取り調べたと言っていたよ」

なぜかうれしそうで、悪いと言うヤツがいるんだったら、喜ぶ人たちもいるんだと思いました。

井川　あのご兄弟は、亡くなる順番を間違えましたね（笑）。

高須　井川さんは鳩山邦夫さんと、きっと気が合ったと思いますよ。兄弟で全然似てないし、仲悪いっていう話もけっこうありますよね。

井川　移民政策を働き掛け続けているのは自民党左派という思想的なカテゴリーの問題ではないと考えています。むしろ「国家観」がない連中ですかね。

自民党も、安倍総理が亡くなって、国家観のある人間がいなくなってしまいました。岸田さんを筆頭にして、国とはこういうものだ、日本とは本来こういう形、これをみんなで守っていきましょう、というものを特に感じてない連中が目立っています。

高須　自民党議員を見渡したって、愛国心を持っているリーダーなんてほとんどいません。

選挙制度を小選挙区制にしてしまったものだから、国家を考える人ではなくて、小さな選挙区の中で票が取れる人たちばかりの、小粒な集団になってしまったのが大きな原因です。

井川　小選挙区比例代表制の導入を主導したのは、小沢一郎さんですよ。

高須　選挙制度を変えたことは、非常に大きい。僕は、参議院なんていらないと思うんです。それだったら貴族院を復活して井川さんに任せたい（笑）。

井川　（笑）。

第4章

変化を余儀なくされる日本で…

1週間のやっつけ仕事で作られた憲法

高須　そもそも帝国憲法ってリベラルの憲法で、あのままでよかったんです。世界に通じる日本国憲法は、大日本帝国の方が、ずっと優れていました。

日本国憲法はやっつけ仕事で作った憲法だと、僕は確信しています。

高須　フリーメーソンの儀式で使う言葉は、英語でやるロッジが多いんですけど、日本語でやるロッジ（組織）は、日本国憲法にそっくりなんです。あれは、日本のフリーメーソンをダグラス・マッカーサーが作ったから。

その前にもフリーメーソンはあったのですが、外国人しか入れない団体だったこともあり、戦争の時にいっぺん壊滅。

それで、フィリピンが母体で、マッカーサーが来て、日本国憲法を作ったんです。ロッジを作って。だから、マッカーサーの執務机がロッジの執務机なんですね。

鳩山一郎氏は割と初期のフリーメーソンのメンバーです。足が不自由になってから入られた。本来は身体が不自由な人間は受け入れていないのですが、特別に入って、車いすで儀式を行いました。そういう、日本の裏の歴史に僕は詳しいんです。

井川 私は、日本国憲法は「村上春樹方式憲法」と呼んでいるんです。初期数作品の村上作品の特徴は乾いた文体です。あれはご自身が一度日本語で書いた草稿を、ご自身で一度英語に翻訳して、再度それをご自身で日本語に訳し直したことで生まれた文体です。

日本国憲法もこれに近い作業で生まれたのですが、村上さんほどの文学性はなく、ひどい日本語の法律になってしまいました。

現在の日本国憲法が拙速に作られたことを明かしているのは、安倍元総理だ。2013年2月12日の衆議院予算委員会で石原慎太郎氏から「いま、日本の憲法についていかにお考えかをお聞きしたい」と問われた安倍元総理は、こう答えている。

「確かに、いま、石原先生がおっしゃったように、現行憲法は、昭和21年（1

946年）に、日本がまだ占領時代にある中においてマッカーサー試案が作られ、そしてマッカーサー試案が、毎日新聞によってスクープをされるわけでありますが、このスクープを見たマッカーサーが怒り狂い、もうこれは日本に任せておくわけにはいかないということで、ホイットニーに命じて、そして、ホイットニーが2月の4日に民政局の次長であるケーディスに命じて、2月の4日だったんですが、2月の12日までに作れと言って、ほぼ8日間、1週間ちょっとで作り上げた。それが現憲法の原案であったわけでございますが、それが現在の現行憲法のもとである、このように認識をしております」

このやっつけ仕事が今日まで日本国を規定する土台になっているのが現実だ。

井川　自民党で憲法改正を真っ向からやろうとしたのは、安倍さんくらい。

高須　結党する時の鳩山一郎さんも公約に掲げていました。

井川　ただ、当時の社会情勢で言うと、大臣が憲法改正と言ったら罷免されていたところですから。

あまりにもお粗末な自民党憲法改正案

前出の2013年2月12日の衆議院予算委員会では安倍元総理の答弁に対して、石原慎太郎氏はこう返している。

「ですから、その憲法を、いまの日本の最高指導者であるあなたがこれを廃棄すると仮に言われた時に、これを法的に阻害する根拠というのは実際はないんですよ、どこにも」

井川　私が40年前、法学部で学んでいた時に「憲法」が一番得意だったんですけど最高指導者が、

「憲法を停止する」

と言ってしまうこと自体はできても、「総理大臣」自身を規定しているのは憲法です。

石原さんは法学部ではないので、その建付けを分かっていないんですよ。

これは親殺しと一緒。タイムマシンのパラドックスで、さかのぼって親を殺すことはできるのか、というのと同じで、親を殺したら自分が生まれないという話。

高須　条項を変える、なんてレベルではなくて、最初にマッカーサーが作ったみたいに、そっくり作り変えるべきですよ。

愛国者たちが集まって、ちょっと時間をかけて作れば、いい憲法ができると思うんです。とりあえず、むかしの大日本帝国憲法を復活させるのが一番簡単ですよ。

井川　私はくくるなら「右」だし、「改憲論者」ですけど、一度、自民党が改憲案みたいなものを出したじゃないですか。あれは酷いし、どうしようもない中身でした。

2012年、自民党は憲法改正草案を公表。この草案では、憲法の三大原理を堅持しつつ、

1．自衛隊を「国防軍」と改め、集団的自衛権の行使を容認すること

2．天皇を「日本国の元首」と位置付け、日の丸や君が代の尊重を義務付ける

こと
などが提案されている。

井川　天皇を「元首」と規定すると、アメリカ大統領と同じ肩書きになります。後述しますが、それはあまりよろしいとは言えません。

自衛隊を「軍」に改めないとハーグ条約の適用がされず捕虜にされずに処刑されるという意見がありますが、自衛隊のまま戦闘で拘束されても捕虜として扱われます。大きな問題は憲法で「戦争」が規定されていないことかと。

ウクライナのように一方的に侵略戦争を起こされても「戦争」が規定されていないので戦死者も規定されなくなっています。この戦死者問題は現在の自民党の安全保障の専門家でも答えらず「どうにかなる」的な危機的状況です。

特に注目したいのが現在は、各議院の総議員の3分の2以上の賛成の上で、国会が改正案を発議し、国民投票によって改正が可能と規定する96条。事実上、改正不可能な96条自体を改正しなければ、憲法を持続的に改正することはできない。

ところが2018年に自民党は、憲法改正に関する「たたき台素案」として、以下の改憲案4項目を発表。

1.「自衛隊」の明記と「自衛の措置」の言及
2.国会や内閣の緊急事態への対応を強化
3.参議院の合区解消
4.教育環境の充実

96条の改正は行わない姿勢を示した。その後、2022年5月3日の憲法記念日に、岸田総理はビデオメッセージを通じて、「いずれも極めて現代的な課題であり、早期の実現が求められる」と実現に意欲を見せるポーズだけは見せていた。

井川　変更点を読んで分かるのが、自民党は憲法とは何なのかを理解していないこと

だけです。

憲法というのは、「国の在り方」を決めること。もう1つは、「権力を規制」するものなんです。アメリカ合衆国憲法と独立宣言はセットだったし、フランスの共和国憲法と人権宣言はセットだったわけです。

つまり、国家権力が個人に害をなさないように規定するものです。だから私は、いまの日本国憲法に「教育の義務」とか「勤労の義務」というのが存在していることさえ、おかしいと思っているんです。国民を規制しているのですから。

自民党の改憲案は真面目に読む気になれなかったから、ササっと見たら「国民に何とかの〜」とか、そんなのばかりで。

敬老の義務が入っていたかどうか忘れましたけど。こんなものは、そもそも「憲法」ではない。だから、自民党にはバカしかいないんです。

そもそも、立法の府なのに法学部出身の人間がほとんどいません。財務省だって法学部出身者ばかりで、経済学部を出た人間がいない。だからおかしなことになるのです。

高須　法務大臣のポジションも軽くて、さほど重要視されていません。

極東軍事裁判とは…

高須　極東軍事裁判そのものが、インドのパール判事（ラダ・ビノード・パール）くらいのもので、後は弁護士がいなくて軍人ばかり。

あの軍事裁判が戦後日本の最初の出発点だと言うと、法律的にはぐちゃぐちゃですよ。

だから、殉国七士廟を、見直せと言っているの僕だけですよ。右翼が来ているだけで、普通の人は来ません。靖國神社はにぎわっているのに、本当は、こちらに本体がいるんですけどね。

井川　ただ、極東国際軍事裁判については、先生と違う私観を持っています。

私も、先生同様に極東裁判が間違っていると考えています。法的にも間違っているし、筋から言っても何だこれはと、疑問があります。

軍属民間含めて300万人の日本国民が命を失うような事態に持ち込んだのです。周辺諸国を入れたら、軍部はその何倍もの犠牲者を出しました。

やるべきだったのは、日本人が法廷を作って、政府や軍の責任者の処罰を決めることでした。その中には、先生には申し訳ないですけど、東條英機なんかも入ってきてしまう。

そもそも、そこは置いておいたとしても、国力が10倍以上の国を相手に「戦争突入」しました。「仕方がなかった」、「アメリカの罠から逃げられなかった」など、暴発についていろんな意見がありますが、どこからどう考えてもアメリカに勝てっこない。

あの時は、韓信の股くぐりをしてでも、アメリカの言うことを聞いて、戦争するべきではなかったと思っています。

高須　長期的な戦略で言うと、井川さんのおっしゃる通りですが、短期的な戦略から言うと、日露戦争も勝っているし、日清戦争も勝っている。

日華事変だけは長引いてしまった。

いいところで手を打てば、日本は短期決戦でいい線までいけるんです。ミッドウェー海戦で負けなければ、という思いもあります。

みんな戦力差があったからと言いますが、ベトナム戦争は、あの当時の日本陸軍の戦い方。そして、アメリカに勝っちゃいましたから。

結局、支援国と補給の問題で、ベトナム戦争よりは日本の方が、勝てるものを持っていました。そもそも、フランスの植民地だったベトナムでベトナム人民軍中枢を育成したのはベトナム残留日本兵です。第一次インドシナ戦争（1946年～54年）でフランス敗北を決定付けた「ディエンビエンフーの戦い」にまで関与しました。

後のベトナム戦争も日本軍と米軍の戦いだったという言い方は、あながち間違いではないと思っています。

日本の組織は公転をやめて自転をする

井川　別の見方をさせていただくと、いまの自民党と一緒で、あるいは財務省も一緒ですが、大陸利権が陸軍であって、南方利権が海軍。日本人は、結局、そういった「利権集団」なのです。

それが自民党の内部なのか、財務省なのか、あるいは日本医師会なのか、帝国陸軍、海軍なのかは別にします。問題なのは日本人の組織が持つ性格で、そのことを最も端的に表現したのが、評論家・山本七平氏の、

「日本の組織はすぐに公転をやめて自転を始めてしまう」

という言葉ではないでしょうか。

組織そのものの、本来の目的ではなくて、組織の「存続」と構成員の「利益」を追求しようとし始める、という言葉はよく当てはまります。

「山本七平」は、子供のころ、オヤジによく読まされましたね。

たとえば、日本人の嫌なところを1つ挙げれば、同調圧力とかも嫌い。

高須　つまり、組織を守るから形成してしまう。無茶だと思っていても、やれと言われたオーダーは、組織を守りながらやっていくから、戦争自体が利権になっていくという話。利権に乗っかって、富が栄えるようにと、我が家は満鉄を買い漁った（笑）。

井川　（笑）。

高須　「弐キ参スケ」がやっているんだから大丈夫だと、人間を信じていたんですよね。

東條英機と岸信介は、最終的には倒閣されて敵同士みたいになってしまいましたけど、あの時は、みんなで満洲国を盛り上げていました。

井川　自民党の問題点は、戦争に負けたことよりも、日本人の民族性という部分が大きいのではないでしょうか。

ただ、戦前の体制が続いていればよかったとは思っていません。

私は基本的に、どちらか一方に肩入れしない主義で、どんなことにも光と影があると考えています。「右」か「左」ではなく、どんなことも立体的に、複合的に捉えようと努めている。

日本の「国威」を考えれば、当時の流れでは、大陸進出までは間違っていなかった。止めておけばよかったんだけど、やらざるをえなかったのでしょう。最初の失敗は、桂・ハリマン協定を蹴飛ばしたことです。あの協定さえ結んでおけば、こうはなっていなかった。

桂・ハリマン協定とは、1905年に日本の桂太郎総理とアメリカの実業家ハリマンとの間で交わされた、東清鉄道南満洲支線の日米共同経営に関する予備協定覚書の俗称である。

この協定は、南満洲鉄道の共同所有を約束し、日本とアメリカが満洲で発言権を持つことを目的と

していた。しかし、外務大臣小村寿太郎の強い反対により破棄される。このことが、その後の日米関係に莫大な影響を与えている。

井川　逆の面で見たら、中国人が日本のことを恨むのは当たり前ですよ。イギリスがアヘン戦争を仕掛けて荒廃した国土の中で、大日本帝国陸軍が何度も中国大陸内で戦争をしている。日清戦争は直接。日露戦争は相手がロシアなのに中国大陸で戦争をして、その後には日中戦争までやって…。

日本人も、いくらあのころに中国が弱っていたからといって、日本の国土の26倍もあるところに、よくここまで兵隊を送ったなというくらい、帝国陸軍はアホだなと思うんです。

とはいえ一面的な罪とは言い難い面もある。たとえば大陸内のインフラ整備や、欧米列強に蹂躙されるよりは統治もマイルドだったとかですね。トータルに考えると大陸進出の功罪を一言では表現しにくい。

ちなみに朝鮮半島併合には、伊藤博文は最後まで反対だったんですよね。だから、物事というのは、一方的に断罪はできないかなと思っています。

第二の安倍が生まれる可能性

「安倍晋三」は、父が安倍晋太郎氏でありながら、岸信介氏の血を脈々と受け継いできた純血の後継。幼少期の安倍元総理を岸信介氏が溺愛していたという意味では「帝王学」を体得しながら育った。まさにプリンスとして小泉政権の次に総理になって実ったと思ったところが、1回失敗。2回目で花開いたという極めて特殊なケースです。

そうした数奇な運命を経て、ようやく生まれたリーダーだが、それ以降の人は出てくることはあるのか。

井川 いないですよね。

高須 まだ種は残っていますから、目覚めた子孫が出てくる可能性はありますよ。

井川　岸信千世さんですか（次ページ図「安倍家と岸家」参照）……20年後ですかね。やっぱり経験というのは重要ですから。

高須　僕が習った時は医療現場で働いていた人たちがいっぱいいて、しっかりと指導してくれました。先輩の医者は手術の時に、「絶対にこっちの方が死なない」と言い切るんです。あまりにも自信持っているので、「何で分かるんですか？」って聞いたら、

「いっぱい切っているから分かる。高須くん言っちゃダメだよ。俺は全部知っているんだから」

と、意味ありげなことを言うんです。戦中に軍医などで手術をしまくったり、人体実験に近い経験を積んでいたからなのですが……。

その善し悪しはともかく結局、慣れですよ。修羅場をくぐっているかどうか。

いまの医療現場のように全部準備して、いつでも逃げる準備をして、ケツモチがいる、という状況ではなく、僕たちの時代は救急病院に1人で放り込まれた。「全部やれ！」と、もうそれだけ。断ることなんて許されません。

安倍家と岸家

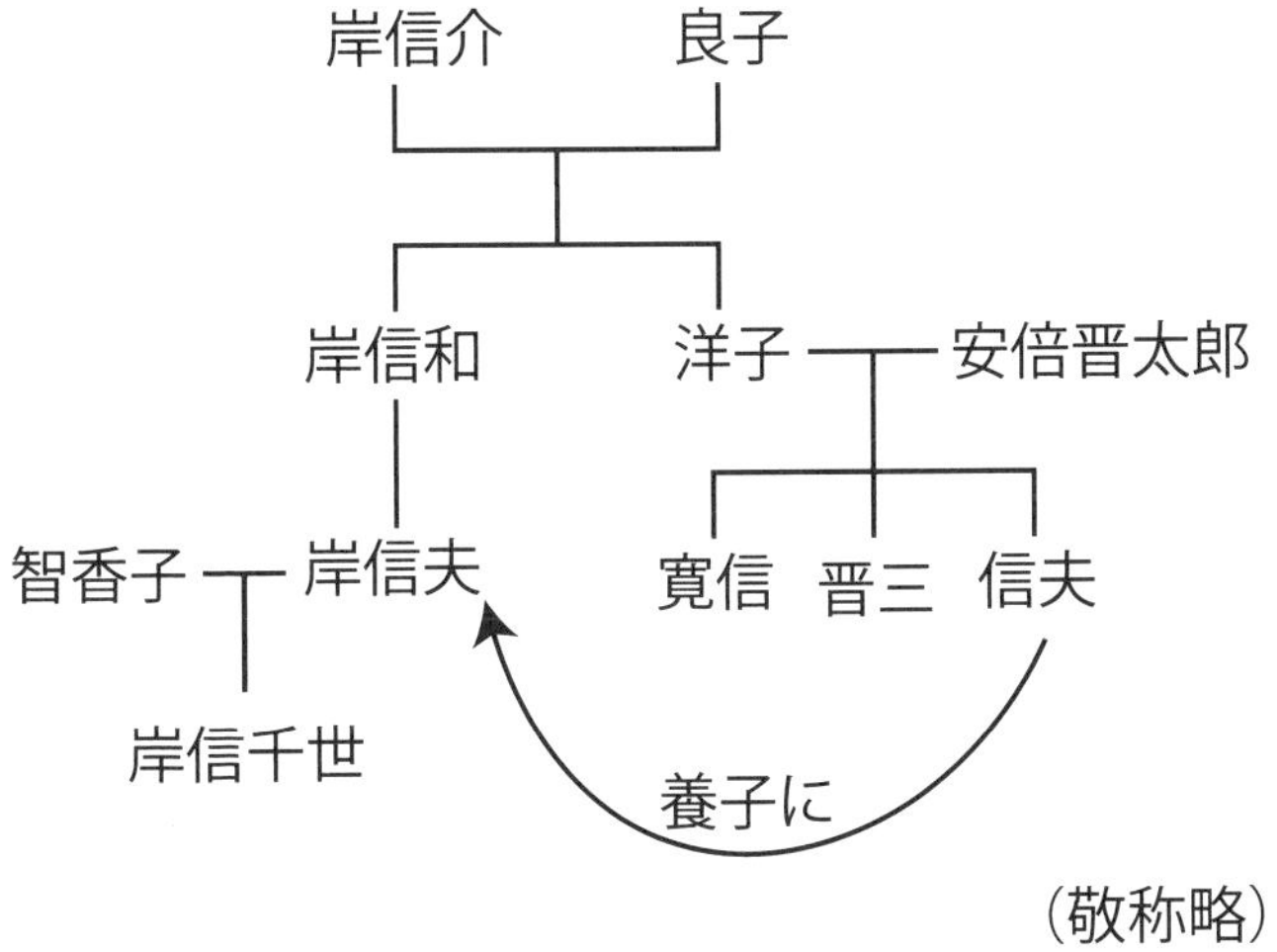
岸信介
良子
岸信和
洋子
安倍晋太郎
智香子
岸信夫
寛信
晋三
信夫
岸信千世
養子に
（敬称略）

だから僕が生まれて初めて開頭手術した時は、本を見ながらやりましたよ。こっちに血の塊があるぞとギコギコやって。なかったら反対側をギコギコ。僕の時はインターン制度がなかったから、卒業したらすぐに現場でした。

ただし、必ずしもむかしのドクターの腕がいいわけではありません。専門分野に特化しているわけではなく、あらゆる病気、ケガに対応できるジェネラリストが多かったということです。

いまは心臓の手術とか、完全に特化している。指をくっ付けるだけ上手い先生とか。

トップの資質

井川　政治家も「専門性」が進んでいますよね。先ほども申し上げたように「国家観」がない政治家が増えたのは、その影響もあるのではないでしょうか。

清濁併せのむという経験が必要なのではと思います。そういえば、知人の医師が、「院長からヤクザの指は汚く縫合しておけと言われている。評判がよくなると、また来られると困るから」

なんて言われているそうです。まさに清濁ですね（笑）。

高須　僕も若いころ、ヤーさんの指をくっ付けて、狙われたことがありました。指を持って病院に来たから、よかれと思って眠っている間に繋いでギプスでかためて処置をしたんです。

翌週ギプスを外して抜糸しようと病院に行ったら、親分がわしらのために指を切ってくれたと子分たちがお見舞いに来ていて、起きたら「指がくっ付いている！」と大騒ぎ。病院の方から、すぐに逃げろって。「高須が来たら、殺す」という伝言も残されていたんです。

井川　聞いた話ではヤクザの指詰めは自分のミスのためではなく、下の者や兄弟分など他人の分を詰めるのが本来の流儀だそうです。

高須　そうなんです。それで顔が立つこともある。不祥事があってやる方もいますが、子分のためにやる方もいる。そしたら、俺たちのためにやってくれたって、信頼されるんです。

井川　人の上に立つということは、利他的でなければならないということなのかもしれません。

高須　政治の場合トップ側がどう生まれるのかを考えるとなかなか厳しいのですが、政治の土台になるのは有権者、すなわち日本国民。その日本の国民性って、僕は割と捨てたものではないと思っていますよ。

もともと高須家は、天皇に尽くしていた「勤王の志士」の援助をしていて、国に尽くす思想の「勤王」だったんです。

ところが明治政府ができたら、自由民権運動の方に向かっちゃって、コロッと変わり、買収に走った先祖たちなんですね。

それから、段々こういう風になってきていますが、最初の高須家は、徳川家康が伊賀越えして岡崎城まで逃げてくるのに三河湾を通って、それで高須で病気になって介抱し、その褒美に土地の年貢を免除され、「高須」と名乗っていいと言われて、家紋までもらいました。

その後、時代が変わって西尾藩になったんです。そしたら年貢を取りにきたので、うちの先祖がすごく激怒して、「家康公が年貢は免除するって言ったじゃないか」と抗議したら、「家康公が何と言おうが、西尾藩には西尾藩の法がある」と、言い返された。

それでますます怒って、高須家は西尾藩と長い間にわたって戦い、結局は払わなかったんです。

徳川家のために心中しようっていう高須家が、明治維新で熱くなって、その後は自由民権運動。

基本的に人間は、郷土に対する愛着はあるけれど、きっかけ次第でコロッと変わる。でも、「芯」になるところは変わっていません。

井川さんも、この後どうなるか分からない。「左」に行ってる人間が、パッと「右」に変わったりする。赤尾敏だってもともとは「ド左」でしたからね。

井川　ナベツネさんだって、もとは共産党ですしね。

解党から始まる新時代

高須　自民党の中からは、次の新しい何かが出てくるかもしれません。解党したら全然違うものが出てくるかもしれない。

中国はたまたま共産主義ですが、あれは共産党が支配している疑似資本主義、帝国主義ですよね。本来の共産主義とは、似ても似つかないもの。

ロシアは、独裁国だけど基本的な理念は資本主義。ということは、地球儀の上では「保守VS革新」という対立図式自体が、もうない時代になっている。

政治的テーマの軸として存在しないのに、いま「日本保守党だ！」と主張されても、「えっ」ってなりますよね。

井川　日本保守党が登場して以来、いわゆる「保守論壇」から多く批判されることになりました。その基調になるのが、安倍さんの「保守を割ってはいけない」という発言。「安倍晋三発言」を金科玉条として、経済評論家で作家の渡邉哲也さんたちは、

「中から改革」だとかなんて言いますよね。

でも、中から改革すると言ったって、自民党の箱の中の、衆参400個のミカンのうち、半分が腐っていないならいいけど、まともなのは2、3個しかないのに、数の論理で健全に戻れるわけがありません。

とはいえ少数乱立がナチスを生んだという歴史がある。だから、少数政党が山のようにできるのは、あまりいい状況ではないのでは。

最終的には有権者が判断しなければいけないんですが、新しいものを作る時に「民主党の悪夢」というのを払拭できるのかな、と思うんですが。

高須　自民党の歴史を振り返っても、改進党や社会党、公明党が入るなど、ぐちゃぐちゃに集まって、コロコロ変わっています。

井川　それに関しては私もポストしていますけれど、いまも悪夢を見ていませんか。「民主党政権は悪夢だった」

というのは安倍さんの言葉ですが、安倍さんがいない、いまの自民党政権も悪夢じゃないですか。

たいして変わりませんよ。それだったら1回、悪夢をガラガラポンしてみようというのはありだと思います。しかも、何が悲劇かというと、いまの自民党政権の悪夢は、結果が見えているわけです。移民が増えて、利権がますます酷くなって、医師会とべったりで社会保障費もどんどん高くなって……。

まさか、日本医師会の会長を務め、厚生省官僚に次々と要求を突き付け、見境なくケンカをしていた「ケンカ太郎」こと武見太郎氏の息子の敬三氏が厚生労働大臣ですよ。

武見太郎氏は、日本医師会会長や世界医師会会長を歴任した日本の医師。1971年に、日本医師会のA会員（開業医）のほぼ全員による「保険医総辞退」というストライキを断行。異名「ケンカ太郎」は全国区に。武見は医師会内部でも自分の意に沿わない医師を冷遇するなど独裁的な権力を揮い、医師会のみならず薬剤師会・歯科医師会を含めたいわゆる「三師会」に影響を及ぼし、医療界で「武見天皇」と呼ばれた。

井川 武見敬三氏を厚労大臣にするような人事は泥棒に金庫番させるようなもので、身内びいきになると、批判されるのもあたりまえじゃないですか。
診療報酬改定の調整で辻褄を合わせてきていますけど、悪夢としか言いようがありません。

2024年度には診療報酬改定に伴って、医療・介護・障害福祉サービスのトリプル改定が行われる予定だ。具体的には医療の働き方改革、外来機能の分化の推進、オンライン診療の拡充など。また、高齢者の救急搬送等も踏まえ、適切な急性期入院医療の提供及び機能分化の観点から転院搬送を含め、救急医療に係る評価の在り方などが見直される。

日本が変わる時は必ず「外圧」

井川　財務省とか、省庁を解体する前に、まずは政治が変わらなければいけない。財務省を解体するためには、法律を変えなきゃいけないわけですから。

先ほど、高須先生がおっしゃったように、戦争は起こさなくていいけれど、1回、戦後の焼け野原状態に戻すべきなんです。

高須　日本が大きく変わる時は、必ず「外圧」ですね。黒船が来て、戦いで負けて、これから攻めてくるかもしれない。そういった時にガラッと変わる。

ですから、外圧が来たらいいと思うんですが、中国の外圧は嫌だなと。

井川　アメリカはジョー・バイデン大統領の民主党政権のうちはダメですね。ドナルド・トランプ氏は、もしかしたら、勝ちそうですが……直前に死ぬかもしれませんよ。ジョン・エフ・ケネディのように。

高須　日本は、アメリカが共和党政権の時は、いいですよね。

井川　いいですね。

高須　ひどい目に遭わされたのは、民主党の時。

井川　ルーズベルト以来、ずっとそうですね。

本来、民主党は親中国ですけど、2023年11月に外交政策に大きな影響力を持っていたヘンリー・キッシンジャーも亡くなりました。

アメリカは、民主党であろうが共和党であろうが、「覇権国家」でなければいけないというスタンスは変わらない。自国の利権を守るためにも、絶対に譲らない。だから日本は、1983年に当時、中曽根康弘総理が初訪米した際、日本列島を空母に見立てて言ったとされる「不沈空母」になっていますよね。

中国による台湾侵攻の問題で「空母台湾」のわき腹が危ないから、こっちの「戦艦大和」の出番になってしまう恐れも出ています。

高須　やっぱり外圧でしか変えられない仕組みなんですよね。

井川　そこも、私の嫌いな部分です。自分たちで変えようがない。だから戦国時代にならないと仕方ないということになってしまうのですよね。

高須　がんに蝕まれているようなものですから。そこを摘出して、残ったヤツをポンポンと潰してしまえば健康体に戻れるだろうと思うんですけど。「国家」って、「人体」にそっくりですよ。(自分の身体の部位を指し示しながら)この部分が正常で、労働力がここで、経済がこう回っているわけですよ。内臓にがんができても、悪い物を取って健康体に戻れる段階であれば、間に合う。国家もそれと同じですよ。

日本の悪い部分は団塊が作った

井川　民主主義政権では、悪い物を取り除ける「医者」は有権者しかいません。有権者が本当に、そういう判断をできるのかどうか。そういう意味では、私が期待しているのは、団塊世代が投票に行けなくなることです。

高須　僕は団塊世代じゃないですよ(笑)。

井川　いまの日本の悪い部分は全部、団塊世代が作ってきたものですよね。

年齢別人口構成　2020年

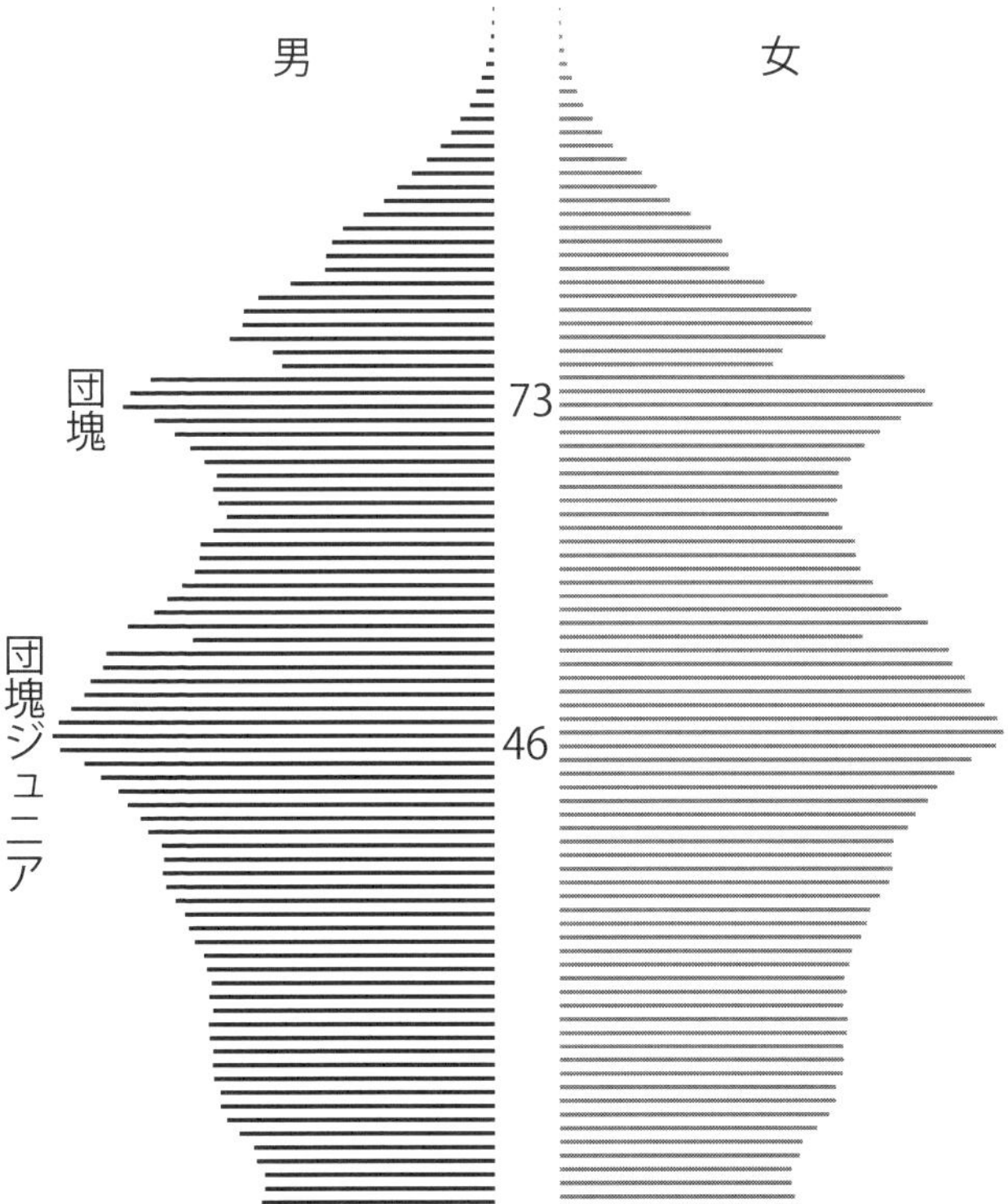

「俺たち団塊世代が戦後日本の発展を」と、居丈高に言うけれど、あんたたちは戦後日本の発展に乗っかっただけの「食い逃げ世代」ですよ。

高須　その前の世代が作ったレールに乗るだけでよかった、運のいい人たちなんです。

井川　団塊世代は厳密に言うと、第二次世界大戦直後の1947年〜1949年の第一次ベビーブームで生まれた世代で、その前後が団塊前後世代ですよね（前ページ図「年齢別人口構成　2020年」参照）。

高度経済成長期は1955年〜1973年ですから、その時に、団塊世代はまだ中学生なんです。

高須　運よく波に乗れただけですよ。

井川　それなのに、いつの間にか頭の中で都合よく脳内変換して、「自分たちが高度経済成長期を支えた」って、若者に言うんですよ。支えたとしたら、ギリギリ「中卒の金の卵」くらいでしょう。

高須　高卒だと、そもそもエリートですよ。

井川　本当に、団塊世代が投票に行けなくなればいい。

高須　寝たきりでも投票できますから。

井川　人気漫画の「課長島耕作」（講談社）ってありますよね。作者の弘兼憲史さんが団塊世代なんです。それで、主人公の島耕作も団塊世代。

弘兼さんは、たぶん団塊世代のことを冷めた目で見ている。島耕作って、全部、人まかせ、運まかせで出世していく。何かトラブルが起きると、寝た女が助けてくれるし（笑）。

社長になって、何も業績がないまま会長になり、「初芝電器産業」にとっては何も関係ないことばかりやっていて、あれは団塊世代のことを揶揄しているんですよね。

「課長島耕作」は1983年から92年まで週刊漫画雑誌『モーニング』に掲載された、サラリーマンの主人公・島耕作の出世物語だ。大手電機メーカー「初芝電器産業」に勤務。日本経済を背景に、企業間の競争、派閥争いなど、団塊世代の島耕作が巻き込まれ、乗り越えていくサラリーマンの姿が描かれている。

その後、シリーズ化され、「部長」「取締役」「常務」「専務」「社長」「会長」

「相談役」「社外取締役」「ヤング」「係長」「学生」編があり、2008年に社長に就任する時は、全国紙で報じられたこともあった。

高須　団塊世代は、保守というよりも「左」ばかりの気がします。

井川　1975年にヒットしたフォークグループ・バンバンの楽曲『『いちご白書』をもう一度』じゃないですけど、そういう連中なんですよ。

就職して、髪を切った時に、「もう若くないさ」って言い訳しちゃうところから、みっともない世代なんです。会社ではせっせとサラリーマンをして社会に順応しながら勤め上げたのに、定年になって時間を持て余して思い出したのが若かりし日。ところが若い時みたいに身体も動かないのでSNSを中心に暴れている。

高須　散歩代わりに行くのが国会前ですよ。あそこで「運動」している「左」の連中はおじいさん、おばあさんばっかりじゃないですか。

高須　「動員した」なんて言ってますけど、本当によぼよぼの人ばかり集まっていますよね。

毒されない「教育」を

日本保守党の演説に行くと、比較的、経済的に豊かな人が、静かに聞いている。お祭り騒ぎするような感じではなく。休日の赤坂見附とかで、警察にガードされながらデモをしている人たちとは対照的だ。

高須 むかし学生運動で活躍した経験のある、使い古しの老人たちなんですよ。60年安保の時の華やかな自分を夢見て、もう一度スポットライトを浴びたいという思いが強いんじゃないでしょうか。

若返るんじゃないかと。若いころはここまで精子を飛ばせたんだと言って、いまは無理をして腰を痛めるっていう(笑)。

僕たちの世代でも、団塊世代みたいなヤツはいました。むしろ、僕の方が特殊な存在でしたよ。

井川　団塊世代は、日教組の被害者ではあるんですよね。

高須　教育が毒されていましたからね。

井川　雑誌で読んだ記憶があるのですが、高須先生の小学校の最初の担任は、学徒動員からのシベリア抑留で洗脳されて帰ってきた共産主義者だったと。危機意識を感じたお祖母さまが師範学校出の年配の女性を家庭教師に付けてくれた。先生は、「おかげで大日本帝国の神髄のようなことを教えてもらえた」と振り返っている記事ですが、とてもいい話ですよね。

高須　そのシベリア帰りの先生より、僕の方が弁が立っていて、「先生、おかしいです」なんて（笑）。

戦争から早く帰ってきた連中が、僕の担当なんです。すっかり洗脳されていて、「日本赤化計画」のために送られてきた兵隊みたいになっている。それで、なかなか反省しなかった人が、後から戻ってくるような。

井川　私は「筑駒（筑波大学附属駒場中学校・高等学校）」出身で、入った年は「教駒（東京教育大学附属駒場中学校・高等学校）」で、翌年から名前が筑駒に変わったんですけど、日教組の組織率200％くらいですよ（笑）。

高須　よく染まらなかったですね。

井川　私は常に自分の頭で考えていましたから、染まらずに済みました。小学校4年生の時に給食の時間に、教師の言うことも方便なんですけど、

「お百姓さんが丹精込めて、1粒1粒作ったお米なんだから感謝して残さず食べなさい」

と、言ってきたので、

「先生、お百姓さんは、自分が稼ぐために働いているんじゃないんですか。僕らの顔を思い浮かべながらお米を作っているんですか。感謝するなら、給食費を払ってくれているお父さんに感謝するべきじゃないですか？」

もう先生からすれば、嫌な生徒だったでしょうね。

高須　でも、正論ですよ。

井川　そういう考え方をするように、子供のころから教えられていましたし、うちのオヤジは、人の言うことをまったく信用しない人間でしたから。

井川氏の出身大学は東京大学の法学部。朝日新聞の誤報に基づく従軍慰安婦問題で、弁護士として韓国側に加担し政治家に転身した福島瑞穂氏なども同じ出身で、活動家の「巣」とも言える学部だ。

井川　本当に「巣」でしたよ。福島瑞穂は社会党から社民党ですが、私の時代は日本共産党系の「民青（「日本民主青年同盟」の略）」が、はびこっていたころですね。暴力的な「革マル派（「日本革命的共産主義者同盟革命的マルクス主義派」の略）」ではなかったですよ。

ちなみに、筑駒の世界史の教師は、革マル派だということを公言していましたね。休日には、ヘルメットを被って、ゲバ棒持って歩いていたそうですが、授業はまともでした。

戦前派VS戦後派

「戦前派」は利他的傾向が強いとされている。対して「利己的」に転換した世代と「戦前派」はジェネレーションギャップで対立していた。戦前派が鬼籍入りしていったことが、日本がダメになった遠因という説があるが——。

高須　僕の考え方は基本的に「戦前派」と一緒です。終戦後の日本社会は戦前と同じですぐには切り替わらなくて。「戦後派」は戦争が終わって10年くらい経ってから、本当の戦後派になるんです。田舎でしたから、民衆の感覚って、戦前とまったく一緒。滅私奉公とか皇居に勤労奉仕に行ったり。僕ら10歳くらいの時まで、村中で天皇陛下のところに行き、タバコをもらって、みんなでちぎって分けて吸っていました。だから、すぐに変わったわけじゃないんです。戦後派は、55年体制くらいから、いろんなことが変わってきたんですよね。

井川　それは、戦後民主主義教育の浸透が大きいと思います。

私は昭和39年（1964年）生まれだから、その辺りを見ていますし、後は会社を作った祖父が明治42年（1909年）生まれで、父は昭和12年なんですね。

父も祖父も、どちらかと言うと保守で思想的には「右」ですよね。やっぱり明治の人だなあ、と思うのは成功してからも自分より自分が育った地域社会や、地元の人たちといった所属している社会や集団自分を組織を大事にする。

日本に住んでいるんだから日本のためにとか、私は好きにはなれないのですが、死ぬまでずっと片田舎の地元のために寄付をしていた。

本当に「私《わたくし》」がなかったですね。

父も祖父も、自分の会社の株以外の個人資産は残しませんでしたから。仕事一筋。女遊びは、どちらもしましたけど（笑）。

父は小学生の私を、正月の一般参賀に連れていったりしましたが、祖父は天皇陛下をことさらに言うわけではなかった。まぁ、ことさらに言わなきゃいけないのは、そうじゃない連中が多いから、主張しなきゃいけないわけですが……。

明治の人間である祖父からすれば、「天皇陛下は敬うものだ」というのは当たり前のこと。だから、孫に向かって「天皇陛下を敬うべし」なんて、わざわざ言いませんでしたけどね。

高須　「教育」の問題は非常に影響していて、僕が子供のころは中学生くらいまでは、祝日にはどの家庭も国旗を掲げていましたよ。

これも当たり前の話で、どこの国でも国旗を掲げています。ところが、いまはそんな光景が見られなくなってしまった。それどころか、国旗を掲げただけで右翼だと言われてしまう。

井川　103歳で5年前に死んだ祖母はずっと、国民の祝日にはちゃんと家の門の前に、国旗を掲げていました。

大王製紙もちゃんと新年の全社集会で、社旗の上に国旗を掲げていましたね。ただ、小学校4年生の時のお百姓さんが作ったお米の話もそうですが、私は、超個人主義だし合理主義者でもあります。それでも、日本に残っていってほしい「美しい伝統」や

「文化を守る」ことには、折り合いは付けられると思います。

高須　国家元首を敬うことや、国旗を掲げることは、基本的なマナーとかルールとか、「国家の品格」みたいなものじゃないですか。それを批判してできないとなると、本当に野蛮な国になっちゃいますよ。

井川　先ほどの日本保守党の演説を聞きに来る人たちのたたずまいと、デモ活動をしている連中のたたずまいの違いを見ても、やっぱり「品格」ですよ。受けた教育もそうですね。

私はいつも思うのですが、「育ちがいい、悪い」というのは、「血筋」ではないと考えています。

家が金持ちかどうかじゃなくて「親の躾け」。

育ちがいいというのも、そもそもの言語がそうじゃないですか。育ちがいいというのは、育て方がよかったということ。

高須　人間の形成には、「氏より育ち」と言いますよね。

井川　「あいつは育ちがいいから」、「あいつは育ちが悪いから」というのを私が言うと誤解されてしまうのですが、必ずそこで、「私は、こういう意味で使っているんだよ」ということを説明します。

だから、私のまわりは、そういう意味で使っているのを知っているから、何か不愉快なことがあったりしても、「あいつは育ちが悪い」「親の躾けが悪い」って言うのです。

高須 河村たかし氏は本当にそうですよ。品格を感じない。

井川 最初に言いましたよね。私は、河村さんは品がないから苦手ですって。

高須 党員が、党首を批判したって別にいいわけですから。それが言論の自由です。

外交・安全保障は自民党でなければできない

2024年1月1日には能登半島で巨大地震が発生した。3方向を海に囲まれ、幹線道路が被災する劣悪な状況に陥る。そこで政府は被災自治体の要請を待たず物資を送る「プッシュ型支援」を展開。まずは5000人の自衛隊員を送り込み、増強を重ねた。

この地勢を知った高須氏は同月2にXに、

「僕の助けを待っている人たちがいるような気がする。最後のご奉公したい」

とポスト。大きな被害のあった石川県能登地方にヘリコプターで支援物資を届けた。


大多数の人数が展開しにくい地勢ゆえの判断だが、野党側は熊本地震を引き合いに「少ない」とズレた批判を展開。被災地を物見遊山してカレーラースを食べて帰る党首も現れた。

今回の自衛隊の適切な運用を見ると災害、安全保障、外交は自民党しかできないと思わざるをえないのだが……。

高須 それはそうですよ。共産党にはできませんよ。（笑）
軍事のことなんか、野党に、分かりっこないんですよ。

安倍元総理が、二度目に総理に就任した際、最初に出したのが防衛省に尖閣諸島周辺の警備状況を「民主党以前」に戻す指令だった。その指令を受けた防衛省内では「これで日本は救われた…」と安堵のため息を漏らしたという。

高須氏、井川氏ともに「非自民」による政権運営が望ましいことを主張したが、この部分はどう補填するのかを尋ねた。

高須　現在の与党も野党も、現場に出たことがなく、自分の地元の票だけを集める人たちの集合体なんですよ。国家が大変なことになった時に動ける人材なんて、ちょっとしかいません。

では官僚上がりということになると思うのですが、官僚上がりの連中は、自分の部署のことだけしか分からない。

自民を解党して大政翼賛的な新生党を作るということしかないんじゃないですか。その時に外交・安全保障のプロをきちんと組み込む。民主党にはそれがなかったですから。

公明党を切り離せるかがカギ

井川　２０２４年は選挙イヤーであることが確実視されています。９月には自民党総裁選が行われるのですから、そこまでしがみ付くというのは考えられない。どこかで解散して総選挙ということになります。

次回の選挙は、自民党と公明党と合わせて過半数割れする可能性が高いと私は予測しているんですね。だからと言って、非自民が全部集まれるかというと、これもできっこない。

実際には、自民党も加わった、むかしで言う〝自社さ〟みたいな……そういうものができるのではないでしょうか。

たとえば「憲法改正」をテーマにすれば日本維新の会や、国民民主党が入る形になるでしょう。自民党がすっぽり抜けるという形には絶対にならないと思うんですね。

アメリカ大統領選もあってアメリカの政治姿勢が内向きになると。そうすると自主防衛力の強化ということもテーマに入ってくる。
近未来の日本の現実を考えるとどうしても「公明党」は邪魔になるんですよね。
能登地震の件にしても交通インフラの整備を放置してきたのは、国交省。国交省は公明党の聖域です。第二次安倍政権では国土強靭化計画が推進されましたが、ちっとも強靭化していない。
公明党の怠惰な部分や、中抜きした部分も含めて邪魔な存在になっているんです。

高須　邪魔ですよ、足手まといですよ。

井川　先ほど防衛装備移転三原則問題のことにも触れましたが、どう考えても公明党による批判の裏に「北京」の存在を感じざるをえない。
インドネシアを皮切りにASEAN諸国に日本が防衛装備品を移転していけば、中国のASEANへのプレゼンスは低下するわけですから。

高須　もはや手先ですよね。
自民党そのものの解党が「いますぐ実行される」ということは非現実的です。とはいえ、いまの状況でもどうしようもない。

誰か、独裁的に「俺の思う通りにやる」という人が出る時期なのではないですかね。ドイツでは第一次大戦敗戦後に国内が混乱して収拾が付かなくなった時、カリスマ的な独裁者が出て世界を混乱に陥れました。

この際、独裁的なものが生まれてくれればとも思います。

井川　じゃあ、私が髭の形を整えて（笑）。

高須　（笑）。

高須　どこまでを「独裁」と考えるかの問題なのですが、現在の日本にも必要ですよ。「独裁」というのはそんな大げさな話ではなく、「全部、自分が責任を取る」「政権が潰れてもいいからやることはやる」というリーダーのことです。

リーダー不在が自衛隊員を苦境に

2024年1月9日、陸上自衛隊幹部や隊員ら数十人が靖國神社に参拝して防衛省が調査に乗り出す事態が発生した。隊員個人の宗教の自由は認められている。一方で、宗教施設への部隊参拝や隊員への参拝の強制を禁止する「事務次官通達」に違反する疑いがあるためである。

この事務次官通達が発出されたのは現在から約半世紀前の1974年のこと。時代状況から考えても、今回のことが問題になることがむしろ問題ではないかという指摘がある。

高須　あんなもの憲法改正の話じゃなくて、「行っていい」と事務次官に言わせれば済む話なんですよ。それをやってこなかったし、今回も問題視されてるのにもかかわらず誰もそれができない。

自分の国の国軍の墓地に、国軍が参拝するのは当たり前の話ですよ。

井川　日本の自衛隊は「軍」ではないという建付けですから、給与体系のベースが公務員というすごく歪な制度なんですよね。しかも再就職先が極めて限定的で、セカンドキャリアをフォローするシステムは完全に未整備のままです。

これで新規の隊員を募集することなんて不可能なわけですよ。

アメリカだと退役軍人庁があって防衛系ベンチャーが生まれやすい環境が整備されている。しかも亡くなったら墓地にまで入れてくれるんですから。

高須　元自衛隊員も幕僚長クラスだといいところに転職するんですけれども…下の方だと割と無関係なところに就職しているんですよね。

井川　習志野の特殊作戦群なんてアスリートで言えば日本代表なわけです。ところが銃の打ちすぎで難聴になって、セカンドキャリアもよいものではない人も多い。

こういう不遇をなくすようにしないといけない。

高須　そういえば、僕、習志野空挺師団に行くんですよ。

前から仲がいいんで、慰問に行くんです。

で、２０２４年1月22日の次の僕の誕生日は、第10師団の視察。そこが石川県の被災地対応の中心部隊なんですよ。

あれだけ着陸する地点が限られている中で事故もなく降りていること自体がすごい。今度は、オスプレイとブラックホークに乗せてもらうことになってまして、

「オスプレイ乗ったなう」

ってポストするのが楽しみで（笑）。

井川　（笑）。

高須　機密はいっぱい見てるんだけど……西原なんか、潜水艦の魚雷の上で寝そべったりして。携帯は取られちゃいましたから、証拠の写真はないんですけど。「お預かりします」って、ダウンタウンの松ちゃんと同じですよ。

井川　（笑）。

「ポスト岸田」で女性総理誕生か

支持率がボロボロの状況で話題になるのが「ポスト岸田」で、特に女性総理が話題になっている。稲田朋美氏は論外としても、上川陽子外務大臣や高市早苗経済安全保障担当大臣には期待が寄せられている。

高須　男女の問題ではなく有能であれば、何でもいいですよ。左の連中は自分たちで、男も女も、ＬＧＢＴＱも、みんな平等だと言ってるくせにね。２０２４年1月18日に、日本共産党委員長に田村智子さんが就任することが発表されました。

井川　党首交代が実に23年ぶりで、女性は結党以来初。男女平等を実現するのに実に、１００年かけたんですから、たいした平等主義でしょう（笑）。

高須　性別に関係なく、イギリスのマーガレット・サッチャー氏みたいな女性が出てきてくれれば大歓迎ですよ。

井川　上川さんのことですが、まったく魅力を感じないですよね。

アメリカ民主党と太いパイプを持っていることは聞いています。２０２３年10月からのパレスチナ・イスラエル戦争では開戦直後にヒラリー・クリントン元国務長官と会いましたよね。ラーム・エマニュエル駐日大使を伴って。

ラーム氏はイスラエル建国の闘士を父親に持つ親イスラエル派で、アメリカ民主党の中でもクリントン家と昵懇ですから、上川氏のパイプもそことということになります。

オバマ政権で国務長官を務めた時は、無人機で暗殺しまくっていたように、ヒラリー氏は結構、好戦的な性格。

そういう意味では上川さんと合うのでは。というのは上川さんは、法務大臣時代にオウム真理教の死刑囚の死刑執行にサインをしています。16人の執行は歴代最多で、一生、護衛が付くことになるでしょう。

キモが据わってるな、という印象です。それでも総理になるイメージまで湧かないです。

女性天皇

女性総理と並列して考えたいのが女性天皇論である。

いずれ訪れるのが皇位継承だが、現在の日本では女性天皇待望論者が一定数存在する。2024年2月現在の皇位継承権は秋篠宮文仁親王、悠仁親王、常陸宮正仁親王と続くが女性天皇支持者は愛子さまへの即位を主張している。

高須 大反対です。男系を維持すべきですよ。

ローマ法王は、枢機卿が教皇の選出を行う秘密投票「コンクラーベ」を経て選出されます。ローマ法王に女性候補がいない理由は、選出元になる枢機卿に女性がいないというシンプルな理由です。

ローマ法王よりは、日本の天皇の方が位が高い理由は、ずっと男系を絶やさなかったからです。

ここで重要なのは「女性天皇」と「女系天皇」が混同されている人が少なからずいる点だ。大前提として「女性天皇」は文字通り女性の天皇、すなわち「女帝」のことで、現在の皇室典範では定められていない。

また皇室典範は皇位継承資格は皇統に属する男系男子のみと規定しているが、この「男系天皇」とは、

「父親が皇統（天皇の血統）に属する天皇」

のことを指す。対して「女系天皇」とは、

「父親が皇統（天皇の血統）に属さない天皇」

――を指す。すなわち「母親しか皇統に属さない天皇」が「女系天皇」に当たる。

高須　こうやって男系を続けてきたのに、何でここで革命を起こすのかが理解できません。マッカーサーでもひっくり返さなかったものですよ。
　昔から、男系が絶えたら、ものすごく遠いところから持ってきて据える。とにかく男系なんです。

井川　その議論で常に登場するのが、第26代の継体天皇です。
　506年に武烈天皇が後嗣を定めずに崩御したため、大伴金村《おおとものかなむら》や物部麁鹿火《もののべのあらかい》などの推戴を受けて即位します。
　応神天皇の来孫であるとされているものの系譜については不明な点が多いこと。また中央ではなく越前地方という地方を統治していたことなどから謎が多い天皇です。

高須　どこから持ってきたっていいんですよ。

井川　竹田（恒泰）さんでも？（笑）

高須　竹田さんの方が近い男系ですから（笑）。

井川　高須先生は日本における天皇の意味や存在価値は、どのようにお考えですか？

高須　日本国憲法で規定している「天皇」は、「天皇」を上手く理解していると思いますよ。

井川　天皇は日本国憲法の第1章第1条で、このように規定されています。

> 第1条　天皇は、日本国の象徴であり日本国民統合の象徴であつて、この地位は、主権の存する日本国民の総意に基く。

前述したように日本国憲法は、村上春樹方式のどうしようもない翻訳憲法ですが、第1章第1条だけはアメリカ人が書いた割にはよく分かっていると思います。

高須　おっしゃる通りです。

権威もあるけどね。権威はあるけど統治せず、ですよね。

もともと、権威も統治もやっていた時代があるんだけれど……統治してしまうとひっくり返されるリスクがある。そこで賢い人たちが、権威だけ残して、統治はしない制度を維持してきたわけです。

井川　「天皇は、日本国の象徴であり日本国民統合の象徴であつて、この地位は、主権の存する日本国民の総意に基く」——まさに、日本国民の接着剤ですよ、いざとなった時の。

高須　国旗みたいなもんですよ。シンボル、つまり日本の象徴なんだから、変えちゃダメってことですよ。男性って決めてあるんだから。

井川　『菊と刀』は米国の文化人類学者ルース・ベネディクト氏による、日本の文化を説明した文化人類学の著作で「日本文化」をかなり高いレベルで正確に解釈しています。ベネディクト氏は戦争中、戦争情報局の日本班チーフで、その時の調査・研究をまとめたものです。

特にアングロ・サクソン系は「敵」を研究する際に、執念に近い情熱を傾けます。「天皇」についてはすでに研究済みだったので、第1章第1条だけは異質なものになっているのではないでしょうか。

派閥解体論はポーズ

高須　ポスト岸田について、僕は思うんですが……自民党には恥も外聞もないじゃないですか。だから、小泉進次郎氏みたいな、政策も頭の中身も軽いのを持ってくる可能性を考えているんです。

井川　確かに御輿は軽い方がいいみたいなことはありますけど。

高須　実際に自民党は、生き残るためには何でもします。

井川　確かに村山富市氏の前科がありますからね。

１９９３年の衆院選では自民党が単独過半数を獲得できず「55年体制」が終わります。ところが自民党は社会党とさきがけの「社さ政権構想」に参加。結果、翌１９９４年6月に自社さ連立政権が誕生しました。

しかも総理に就任したのは社会党党首、村山富市氏です。

歴史的に考えて連立パートナーにはなりえない社会党と平然と連立をして、１９５

5年以来死守してきた総理の椅子まで差し出した。まさに恥も外聞もない。
こういう前科から考えると2024年に自民党が大敗した場合、国民民主党の玉木さんが総理になる可能性はあるんじゃないかと思っています。

2024年1月19日、岸田文雄総理は岸田派解散を明言した。また同日には二階俊博氏が二階派解散を明言。さらに安倍派も解散を示唆していることが報じられた。自民党の裏金問題が原因だが、脱派閥ドミノが起こったことで、文字通り「自民党崩壊」に繋がる可能性は高い。

高須　派閥解体ドミノが起こっているように見えますが、振りではないですかねぇ。

井川　派閥そのものが「いい」、「悪い」という議論自体がナンセンスだと思うんですね。なぜなら民主主義政治は「数」が意思決定をするシステムですから。近い考えの人たちが結束しなければ、意思決定が行われず空転してしまう。
だから岸田派、安倍派、二階派という「派閥」が解散したとしても政策集団とか勉強会とか、グループみたいに名前を変えるだけ。そういう「群」は必要なのですから。無派閥議員が新たに立ち上げた「無派閥情報交換会」なんて何かの冗談にしか思えませんよ（笑）。

高須　そもそも「派閥」を問題視するから「いかん」という世論が強くなるのですけど、あれはミニ政党ですよ。

自民党というのは「ミニ政党」が連合しているのです。分かりやすいのがアメリカ合衆国で、州が連合してユナイテッド・ネイションズを構成している。ああいう感じで、みんな自分たちで勝手なことを言って、連邦を作って政権を維持しているんですから。

だから安倍派とか岸田派と呼ばずに、「安倍党」、「岸田党」と考えると分かりやすい。

井川　そういう話を伺うと、思い浮かべるのが菅義偉さんのうさんくささです。自らは無派閥を標榜していますが、その裏側にはグループとか、非世襲議員による「ガネーシャの会」とか。

数が意思決定のシステムである以上、政治家が集まることを禁止するなんてできっこない。できっこないと分かっていて主張していますから。これは左翼の連中が使う典型的な手段なんですよ。脱・資本主義とかですね、尖閣諸島や竹島の共同統治とかですね。

議会制民主主義のトップは身内に殺される

井川　私が子供のころ、つまり、いまから40年以上前から自民党は問題が起こる度に「派閥解消」を唱えています。

何年かに1回はその話が上がってきますから。

実際に2001年からの小泉政権でも脱派閥が叫ばれました。自民党をぶっ壊すと言って本当に壊しちゃったのですが、壊すだけで終わったせいで逆に酷いことになった結果はご存じの通り。

それだけ壊しても派閥はしっかり残っているのですから、できっこないんです。

また派閥を批判する野党側にもグループみたいな閥はありますよね。

よく言われる話ですが、人間は3人集まればグループを作ろうとするんです。

高須　3人いたら、政党ですからね。

井川　大統領制ならともかくとして、日本は議会制民主主義ですから、数を頼むしかない。

安倍元総理は『回顧録』で大統領制と議院内閣制の違いについて、「大統領は反対党によって倒され、首相は、与党から倒される」と話しています。この話し相手はイギリスの首相だったテリーザ・メイ氏で、メイ氏も賛同しているとのことでした。つまり日本やイギリスの政治制度ではトップをはじくのは身内ということなんですね。

大統領制、議会民主主義ともに善し悪しはあるのですが、大統領制じゃないということは、意思決定への道が遠すぎるということなんですよ。

トップがやりたいことをやるためには政権与党の中で、政局をやるところからスタートしてそこを勝たないといけない。安倍さんだって、半分以上は政局に気を配らないとトップにいることができない。

そうしなければ自分のやりたいことはできなかったんです。そんな迂遠なこと、よっぽど日本を思う気持ちがないとやろうとは思わないですよ。

そういう真摯な情熱がなければ、金がほしいかでしょう。

『回顧録』のエピソードは相当印象的で第一次政権が躓いたのも「政局」をコントロールできなかったからです。第二次ではそこをコントロールしていたから、ある程度、やりたいことができた。

それでも未達の政策の方が多かったくらいですもんね。

おわりに

高須クリニック院長
高須克弥

井川氏から最初に提案されたテーマは「保守とは何か」というものである。

僕はこのテーマに異を唱えた。

その理由は「保守」という言葉には「怪しさ」が内在しているからだ。

「保守」という思想をピュアな思想に捉える人は多いが、実は違う。「保守」とは政治思想ではなく、自民党が与党であり続けるための政治手段だからだ。手段だからこそ窮すれば平然と社会主義とも連立し、真逆の政策も取り込む。

まるで「鵺《ぬえ》」のごときもので、ある時期から自民党は、その権化と化してしまったことは本書で解説した通りだ。

こうしたやり取りの後、たどり着いたのが「自民崩壊」である。

本書では、脱線も含めて多角的なトピックに触れながらテーマを掘り下げているが、通底しているのは「愛国」と「保守」の区分けだ。

保守と愛国は似て非なるものである。間もなく訪れるであろう崩壊の時代を前に、必要なのは「愛国」という思想ではないか。

目を覆うばかりの日本人若年層の劣化は、「愛国」という観念の喪失が根底にある。僕が理想としている「健全な大政翼賛的政治体制」も「愛国」を抜きには成立しえない。

万物には必ず終わりがあるが、終焉のカオスから日本は何度も甦ってきた。本書でも明らかにしたように僕は「焼き畑」をどこかで期待している。次の再生に向かういまこそ、「愛国」という言葉の意味を考えてほしいと思う。

本書を読んでくれた読者の皆さん、また対談相手に指名してくれた井川意高氏に感謝します。

2024年2月

PROFILE

高須克弥

たかす・かつや……高須クリニック院長。昭和20(1945)年愛知県生まれ。昭和大学医学部卒業。同大学院医学研究科博士課程修了。医学博士。昭和大学医学部客員教授。医療法人社団福祉会高須病院理事長。「YES高須クリニック」のコピーをはじめとして、日本で最も広く知られる美容整形外科ドクター。江戸時代から続く医師の家系に生まれ、大学院在学中から海外へ研修に行き、最新の美容外科技術を学ぶ。「脂肪吸引手術」を日本に紹介し普及させた。人脈は芸能界、財界、政界と幅広い。金色有功章、紺綬褒章を受章。

井川意高

いかわ・もとたか……1964年、京都府生まれ。東京大学法学部卒業後、1987年に大王製紙に入社。2007年6月、大王製紙代表取締役社長に就任、2011年6～9月に同会長を務める。社長・会長を務めていた2010年から2011年にかけて、シンガポールやマカオにおけるカジノでの使用目的で子会社から総額約106億8000万円を借り入れていた事実が発覚、2011年11月、会社法違反(特別背任)の容疑で東京地検特捜部に逮捕される。懲役4年の実刑判決が確定し、2013年10月から2016年12月まで3年2カ月間服役した。著書にベストセラーとなった『熔ける 大王製紙前会長 井川意高の懺悔録』『熔ける 再び そして会社も失った』のほか、堀江貴文氏との共著『東大から刑務所へ』(いずれも幻冬舎)がある。

Portrait

水野嘉之

Book Design

HOLON

自民崩壊2.8

第1刷　2024年2月29日

著者
高須克弥　井川意高

発行者
小宮英行

発行所
株式会社徳間書店
〒141-8202 東京都品川区上大崎3-1-1 目黒セントラルスクエア
電話　編集(03)5403-4344 ／ 販売(049)293-5521
振替　00140-0-44392

印刷・製本
大日本印刷株式会社

ISBN 978-4-19-865781-9

Katsuya Takasu × Mototaka Ikawa